図解｜組織を変える

ファシリテーターの道具箱

働きがいと
成果を両立させる
パワーツール
50

FACILITATOR'S
TOOL BOX

森 時彦【編著】

伊藤 保
松田光憲【著】

ダイヤモンド社

はじめに

　本書は、2008年3月に出版された『ファシリテーターの道具箱』のシリーズ本となるものです。読者のおかげで、同書は12年を超えるロングセラーとなり増刷を続けてきました。編著者としてとても嬉しいことですし、この間に「ファシリテーション」「ファシリテーター」という言葉が日本社会にも定着してきたと感じています。

　しかし世界に眼を向けると、ファシリテーションはますます多方面で利用され、ビジネスの世界では、いまも組織のあり方を変える有力な方法として新しい「道具」が開拓され続けています。本書では、その最新動向を取り入れ、会議のファシリテーションから組織を変えるファシリテーションに視点を移してまとめたものです。

　今回、特に大きく取り上げたのは、アメリカ西海岸などで競うようにして取り入れられているリベレイティングストラクチャー（LS：Liberating Structures）です。このLSのほとんどがオンライン会議でも利用できるため、在宅勤務が拡がる中、世界中で加速度的に利用が拡大しています。同じくパンデミックで関心を集めているのが、ポジティブデビアンス（PD：Positive Deviance）というユニークな問題解決法です。詳しくは本文を参照いただきたいのですが、最近は日本の医療業界をはじめ、いろいろなところで関心を集めています。

　実は本書の共著者の1人である伊藤保さんは、アメリカに端を発するこの2つに早くから着目し、日本での普及を図っている第一人者です。本書には多数のLSツールが紹介されているので、そこだけを拾って読んでいくと全貌がわかる、LS入門書的な内容にもなっています。

　少し前になりますが、フレデリック・ラルー著の『ティール組織』（邦訳英治出版、2018年）という本がベストセラーになりました。同書では先進的IT企業に限らず、古くからある産業でも、高い業績と働く人の満足度（ES）を両立している企業が数多く紹介されています。その両立のキーとなるものとして、「数千人規模であってもすべての従業員の知恵を引き出せる手法」としてファシリテーションが紹介されていました。残念ながら同書では、ファシリテーションの詳細については触れられていませんが、このベストセラーに登場する日本企業が1つだけあります。それがオズビジョンとい

うベンチャー企業です。そこで組織開発を担当しているのが、もう1人の共著者である松田光憲さんです。松田さんは、「ワクワクする組織づくり」をライフワークにしていて、オズビジョンでもいろいろな道具を使って企業と個人の成長を両立する組織開発を実践しておられます。

　松田さんとは、私が「組織変革のファシリテーション」という講座を持っている大学院に講演に来られた時以来のお付き合いです。伊藤さんはGEの後輩で、私がまだ収益責任を負って企業経営に携わっている時にコンサルタントとして助けていただいたことがあります。

　私（森）はというと、経営の第一線を離れ、社外取締役やアドバイザーとして、また大学・大学院における教育を通じて組織を活性化するファシリテーションに関わっています。本書は、このような3人の協働によって生まれました。

　政府主導で「働き方改革」が進む中で、新型コロナウイルスによるパンデミックが発生し、否が応でも働き方を変えざるをえなくなりました。これは因習を断ち切って組織を変える絶好の機会だと私たちは思っています。

　働く人たちの幸せそうな顔を見ながら、業績もしっかり伸ばしたい。といっても自分のワークライフバランスを犠牲にしたくない。そういう切実な思いで毎日働いている多くの中間管理職をはじめとするリーダーのみなさんのために本書を書き下ろしました。

　ぜひ実践し、継続して役立てていただきたいと思います。

●この本の成り立ちと構成

　この本は、私の発案によって企画されたものですが、中身は上記のようにファシリテーションを実践するお2人の寄稿によって成り立っています。全体の記述に統一性を持たせるため、森が総合編集を担当しました。寄稿者の原稿を書き換えたところもあり、したがって、すべての文章に対する責任は私にあります。

　序章では、組織を変えるための基礎知識やノウハウをまとめました。前著『ファシリテーターの道具箱』の序章でファシリテーションについて解説し

ましたが、それを踏まえたものとなっています。

　第1〜5章は「道具箱」です。基本的に見開き2ページで1つの「道具」を紹介しているので、気になるところから読んで試してもらうのがよいと思います。なお「組織を変える」というテーマの性格上、本書では、いくつかの道具を組み合わせたものも1つの道具として取り扱っています。

「第1章　仕事を減らす」は、最もニーズの高いテーマだと思います。組織にはムダな仕事がたくさんあります。リモートワークを快適に進めようとすると、そういうものが目立ってきます。この機会にみんなでそういうものを洗い出して、減らしていくための道具を集めました。「第2章　関係性を良くする」もニーズの大きなテーマです。人間関係に苦しんでいる人は少なくないと思いますが、その解決を個人任せにするのではなくチームで解消する。そのための道具を集めました。「第3章　アイデアを出して、選ぶ」は問題解決の本丸です。チームからアイデアを引き出せない、アイデアはたくさん出たが選べない、決められないといった悩みに効く道具集です。「第4章　目的を共有し、コミットメントを高める」「第5章　行動を変える」は、チーム力を高めて結果を出すための道具です。一言でいえば「ワンチーム」を生み出すためのものです。そして最後に、補遺としてオンライン会議のファシリテーションをうまく進めるコツをまとめておきました。

　本書では、道具を章ごとに分類していますが、多目的に使える道具がたくさんあり、実はどこに分類するか悩みました。その点を含んで読んでいただくと新しい発見があるのではないかと思います。

2020年9月吉日

森　時彦

序章
働きやすい職場をつくって
成果をあげよう!

第3章

アイデアを出して、選ぶ

第4章

目的を共有し、
コミットメントを高める

第5章

行動を変える

　本書で紹介しているリベレイティングストラクチャー(Liberating Structures：略してLS)は、クリエイティブ・コモンズ・ライセンスBY-NC-SA（著作者と作品の表示、非営利、改変を行った際には元の作品と同じ組み合わせのCCライセンスで公開）の範囲で、許諾の必要なく無料で使用できます。LSを紹介し、ツールを利用される際には、帰属（著作者とクリエイティブ・コモンズ・ライセンス）を掲載することが求められていますので、ご協力をお願いします。なお、本書での翻訳とLSの紹介は、2人の著作者Keith McCandless氏とHenri Lipmanowicz氏より、特別な許可をいただいています。

序章

働きやすい職場を
つくって
成果をあげよう!

本章では、この後に紹介する道具を使って、働きやすい職場をつくり、成果が出る組織に変えていくために知っておきたいことを、できるだけ簡単に整理しておきたいと思います。

　ポイントは次の3つです。

- ●2つのアプローチを意識的に使い分ける
- ●現状をサイクルとして捉えて、慣性力に勝つ戦略を持つ
- ●心を変えるより、まず行動を変える

順を追って説明していきましょう。

2つのアプローチを意識的に使い分ける

●2つのアプローチとは

　1930年頃から、いろいろなところで組織を変える試み（組織開発）が行われてきましたが、そこには2つの大きな流れがあるように思います。それを表したのが図表1です。縦軸に業績の良し悪し（P）、横軸にモチベーションの高さ（M）をとっています。

　1つの流れは、モチベーションが高まれば業績は自然と良くなるというアプローチです。これをMパスと呼ぶことにしましょう。本書でも紹介する「もやもや会」(P.098)や「AI（Appreciative Inquiry）」(P.112)などは、その代表的なものです。ちなみにappreciativeとは感謝するといった意味ですから、AIは褒めて、煽てて伸ばすアプローチと言ってもいいでしょう。

　もう1つは、業績をあげることを優先しながらその中でモチベーションも高めようというアプローチです。これをPパスと呼ぶことにします。たとえば、「OKR」(P.108)や「チームのグランドルール」(P.124)などがそれにあたります。

●Pパス、Mパスの使い分け

　この2つは、どちらが良い悪いではなく、状況に応じて使い分けるべきも

●図表1：業績が先か、モチベーションが先か

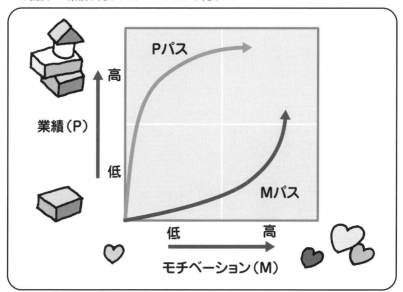

ので、私たちは、エネルギーレベルの低い組織ではMパスのほうが効果的な場合が多いと考えています。まずここで働くことの意味や自分たちの強みを自覚して、それを通じてエネルギーレベルを上げることに取り組まないと推進力が生まれないからです。

　逆にエネルギーレベルが高いチームを相手にする時にはPパスのほうが短時間に成果をあげることができると考えています。一流のスポーツ選手はオリンピックを目指して苦しいトレーニングに耐えられますが、一般の人はまず目指すべきものへの意欲と体力を養っていかないとついていけません。それと似ています。

　この2つのパスを組み合わせるといい場合もあります。たとえば、はじめにMパスでチームのエネルギーレベルを上げてから、Pパスを導入するといったことです。

　どちらのアプローチをどの程度続けるのがいいかは、チームの状態を診て的確に判断する必要があります。

　とかく人は自分の持っているスキルを当てはめて問題を解決しようとしが

ちですが、それを戒めるために「ハンマーしか持たない者はすべてが釘に見える」（なんでも叩けばいいわけではない＝手段に固執すると適用対象を間違う）という言葉を引用しておきたいと思います。欲求5段階説で有名な心理学者のアブラハム・H・マズローの言葉だと言われています。このマズローのハンマーにならないためには、道具箱にいろいろなものを用意しておく必要があります。その上で、**「誰のためか」「何のためか」と常に問いかけて適切な道具を選ぶ**ように心がけましょう。

●Pパスを成功させる2つのポイント

　Pパスを成功させるための重要なポイントがあります。それは次の2つです。

- ●始める前にしっかりとゴール設定をすること
- ●スポンサーを決めてスタートすること

　ゴール設定というのは、何ができれば成功と考えるのか、つまり成功を定義することです。それが曖昧だと途中で迷子になり、何をしているのかわからなくなります。

　たとえば、「働き方改革を実現する」「コミュニケーションを良くする」「風通しの良いチームにする」といったものはゴールとしては曖昧です。

　それよりも「サービス残業も含め全残業時間を半分にして売上を10％伸ばす」「売上は20％下がってもよいから利益を2倍にする」「ゼロ残業で、新製品を期日までに開発する」といったように**具体的で、数値で成否が判断できるようなゴール設定にすること**です。

　ゴールを具体化し、数値目標を設定しようとすると、扱える問題が小さくなる傾向があります。小さくなるとモチベーションも湧きにくくなるので、ついゴールは大きく設定したくなります。

　そんな時には、ゴールが実現した時に達成される指標をいくつか設定しておくというやり方があります。本書でも紹介している「OKR」(P.108) がそういうアプローチの代表格です。OKRではワクワクするような大きなゴール設

定からスタートします。これがOKRのO（Objectives）です。OKRではワクワクしないものはOにはなりません。そしてそこで終わらずに、Oが達成されたことを示す重要な指標、KR（Key Results）もあわせて合意するところがポイントです。このOとKRがセットになっていることで、「ワクワク」と「数値で成否が判断できること」、夢と現実の両立が図られるのです。

　2つ目のスポンサーとは、チームが考えた組織改革のアイデアを承認し、必要なリソースを提供する上位のマネージャーのことです。組織を変えるには、それなりにお金や時間、社内ルールの変更などが必要になります。そういう権限を持った人に承認してもらう約束をはじめに取りつけておけば、途中で悩まずにすみます。

　もちろんこのスポンサーがテーマを出して、チームに答申してもらうのもありです。その時は活動を始める前に、自分が求めているゴールが何なのかを具体化して、チームに明示することが重要です。ゴールだけではなく、自分の権限の範囲も伝えておくのがいいでしょう。その権限を超えてもインパクトが大きいアイデアなら、さらに上位者の判断を仰ぐ、といったことも伝えておくと、チームはスポンサーのやる気を感じることが多いものです。

　しかし、時々「自主的な活動にゴールや条件を設けることはよくない」と考えるマネージャーを見かけることがあります。そういうことは自由な発想を妨げるというのが理由のようですが、これは間違いです。むしろ後から、それはできないと言われたり、うやむやにされるほうが「やっぱり聞いてもらえない」という無力感を助長することになります。

　変革のインパクトは、スポンサーの裁量権の大きさで決まります。だからスポンサーは大切なのですが、時々上司には内緒で自分たちだけでやりたいという相談を受けることがあります。上司に話しても理解されないという理由からですが、それではうまくいきません。スポンサーが同意したくなるようなメリット（それはPパスの目標のはずです）をしっかり考えて提案するようにしましょう。

現状をサイクルとして捉えて、慣性力に勝つ戦略を持つ

●会議問題

　会議を短くして効率をあげる「方法論」は簡単です。事前にアジェンダと時間を決めて、参加する人が準備をしてくればいいのです。そうすれば会議の中で大きな割合を占めている情報共有の時間は不要になり、意見交換や意思決定中心の会議になって短くなります。私がいたアメリカの企業ではそういうことがごく普通に行われていて、資料の説明を始めると、「書いてあることは説明しなくていい」と注意されました。もちろん会議中に眠る人は1人もいません。

　こういう「方法論」は、たぶんみんなわかっているのですが、なぜかほとんどの会社が非効率な会議に苦労しています。その理由はどこにあるのでしょう？　それは、それが「生活習慣」になっているからだと私たちは考えています。

　この生活習慣とは、図表2に示すような現状（As Is）を構成するサイクルでできています。一言でいうと、準備時間が取れないから会議で説明が必要になり、だから会議が長くなって準備時間が取れないという悪循環です。

　これを断ち切ろうとしても、サイクルの持つ慣性力に邪魔されてなかなかうまくいかないのです。どういうことかというと、たとえば誰かが思いたって、しっかり準備をし、事前に資料を配り、明確なアジェンダを立てて会議を開いたとします。10人中9人の参加者が準備もして、明確な意思を持って参加します。しかし、1人の忙しい上席社員が資料を読み込んでこず、「悪いが、まず資料の説明をしてくれ」と言うと、資料説明をせざるをえなくなります。準備をしてきた人たちはムダなことをしたと思うので、次から準備をしてこなくなります。これがシステムが持つ慣性力です。

　このように、現状というのは静的な状態ではなく、それを生み出しているサイクルによってできる動的な状態なので、方法論は単純でも実際に日々の仕事の仕方を変えるのは難しいのです。

　組織を変えるということは、そのダイナミックス（動的状態）を変えるこ

●図表2：会議問題の構造　As IsサイクルとTo Beサイクル

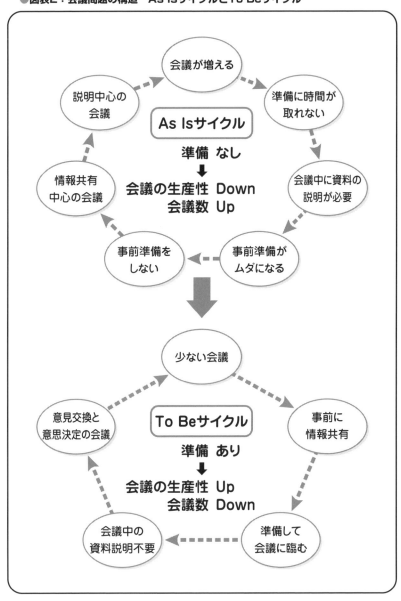

とだという発想が必要です。このように一見単純なようで、実は「組織の悪い生活習慣」に根ざした構造を持つ問題はたくさんあります。

●サイクルチェンジを意識して継続しよう

　ではどうすればいいか？　まず、いまのAs Is（現状）サイクルを図表2の上図のように図解して問題の構造を理解することから始めましょう。次に、目指すべきTo Be（あるべき）サイクルを描いてみる。As Isサイクルが描ければ、To Beサイクル（下図）を描くことはそれほど難しくないでしょう。会議が減り、準備時間が取れるから会議の生産性が良くなり、さらに会議が減るというサイクルがそれですが、一旦そこに移行できれば、今度はそれを維持する慣性力が生まれます。

　では、どこを起点にその新しいサイクルに移行していくか？　その作用点を見つけることが次のポイントです。この場合は、「事前準備」が作用点になるはずです。そこに働きかけて、「会議には準備をして臨む」という行動を定着させることです。

　定着するためには何度かの成功体験が必要です。無理をして準備していったら「会議が良くなった！」というだけでは、1週間ダイエットしたら体重が2キロ減った！というだけで、すぐにリバウンドします。

　ダイエットが生活習慣になるためには、身体や頭の調子が良くなってきたと効果を実感し、友達からも「最近やせたんじゃない？」「スマートになったよね」などと言われないといけません。つまり準備した甲斐があって「いい意思決定ができた！」「会議が減った！」「ワークライフバランスが良くなった！」という嬉しい体験を積み重ねることが必要です。

　As Isサイクルには、それを維持しようとする非常に大きな慣性力が働いているので、新しいサイクルが生活習慣として定着するまでは努力の継続が必要です。それが組織を変えるファシリテーターの仕事です。しかし、一旦新しい生活に慣れると、それが当たり前になって、特別な努力は必要なくなります。逆に、そうしないことが異常に感じられる、というのが新しい慣性力のなせる業です。

●「難しい」という日本人の口癖

こういう話を書くと大変だと思われると思いますが、**実は些細なこと、たとえば口癖が、悪いサイクルをつくっている**という話をしておきましょう。

日本人の口癖に、「難しいですね」というのがあります。日本人のみなさんは気づかないかもしれませんが、商談に来た外国人は、このセリフを繰り返し聞くので異常に感じます。冗談半分で日本人の物まねをする時に、この言葉を使うほどです。

「難しい」「できない」と口に出すと、脳は反射的に「難しい」理由を探しはじめます。みなさんも提案をしてもすぐに否定されて嫌になったということはないでしょうか。日本では、とにかくSH（すぐ否定する）ウイルスが蔓延しているように思います。

ということで以前、あるプロジェクトのグランドルールとして「難しいと口にしない」というルールを決めて、仕事を進めたことがあります。口癖になっているので、はじめはそれを抑えるのに苦労し、話しにくそうでしたが、慣れてくるとアイデアの上にアイデアが積み重なって良くなりはじめ、4年後にはその企業の業績は驚くほど改善していました。最初のプロジェクトの成果に驚いたトップが、会社全体にこのルールを徹底して横展開したことが業績飛躍の原因でした[*1]。

Googleに勤めていた知人から聞いた話ですが、イノベーションを連発するこの会社では、とにかく「イイね！」とポジティブな反応が返ってくるので気持ちがいいそうです。いくら天才技術者集団といっても、良くない提案のほうが100倍ぐらいは多いはずですが、それでも「イイね！」と笑顔が返ってくる。しかし、その後に「こうすればもっと良くなるんじゃない」と否定の代わりにフォローが出てくるそうです。

ポジティブ心理学の進歩で、ポジティブとネガティブな発言の比が3：1ぐらいのチームは活性化するということがわかってきました[*2]。イノベーションを連発する企業の秘密は、意外とそういう地道な生活習慣づくり（グラ

---

*1 この経験から生まれた道具が「チームのグランドルール」（P.124）です。
*2 バーバラ・フレドリクソン著、植木理恵監修、高橋由紀子訳『ポジティブな人だけがうまくいく3：1の法則』日本実業出版社、2010

ンドルールの定着）にあるのかもしれません。

●「空気」は変えられる!

　口癖が、悪いサイクルの原因になっているという話をしましたが、同じように「空気」が原因になっていることもたくさんあります。「空気」は変えられない、というのが通念だと思いますが、空気は変えられます。

　そもそも「空気」というのは暗黙のルールです。それは世界中どんな社会にもありますが、ただそれを「空気」と呼ばないだけです。そもそもルールがなければコミュニティ自体が成り立ちません。そこでいまある「空気」を、働きやすい、もっと成果をあげられるルールに書き換えてしまえばいいのです。

　ファシリテーションでは、会議の前に会議のルールを決め、それをグランドルールとして守るようにファシリテーターがリードします。それを会議中だけでなく、普段の仕事にも応用すればいいのです。会社全体の「空気」を変えるのは大変ですが、自分のチームの「空気」は、みんなでグランドルールをつくれば十分に変えることができます。

　ルールを破った人に**罰ゲームのようなものを決めて、楽しく進めれば劇的に職場の空気は変わります**。

●関係性も変えられる!

　このようにみんなで「チームのグランドルール」をつくって、楽しくルールを守る工夫をすれば、日常の人間関係も変えることができます。

　人と人との関係性はとても大切です。それだけで働きやすい職場にもなれば、辞めたくなるほど辛い職場にもなります。仕事へのやる気、チームワーク、成果もこの関係性の良し悪しで大きく変わります。

　しかし、その大切な関係性づくりは個人任せです。**関係性を良くすることを個人頼みにせず、気持ちよく本音で話せるルールをみんなでつくって、仕組みとして関係性の良い職場をつくるという発想**に立ってみましょう。グランドルール以外にも、できることがたくさんあることに気づくはずです。

実は世界中の組織が同じような問題に悩んでいて、チームでそれを解決する方法を工夫しています。そういう知恵を第2章（関係性を良くする）にまとめているので、一度目を通してみてほしいのですが、そこには共通する原理があります。それは、**第三者が関わって普段とは違う場を用意すれば、当事者間では解決しない問題を解決することができる**、というものです。

●パワハラも解決!

　成果をあげるためには、顧客からの厳しい要求に応えるために汗と頭を絞りつくさないといけません。時間も限られているため、その現場では厳しい言葉が飛び交うのはある程度自然なことです。しかしそれがパワハラにつながると仕事がしにくい。おそらくいま、パワハラを恐れて言うべきことを口にするのを躊躇している人がとても多いと思います。

　ある行為がパワハラかどうかは当事者間の関係性によります。「アホ・バカ・のろま」と罵られても、関係性がしっかりしていれば激励と解されますが、そこが崩れているとパワハラです。逆にいくら褒めても関係性しだいではハラスメントになってしまいます。

　多くの企業では、「そこをうまくやるのが君の仕事だ」と、個人の対人能力任せになっています。確かに対人能力の高い人はうまく対処するでしょうが、そういう人はめったにいません。ほとんどの人は、悩み、ひどい時には精神疾患になるのです。

　先ほど書いたように、問題を個人頼みにするのではなく、チームで解決するという発想をまず持つことです。みんなで職場のグランドルールをつくって守る。それで解決しない問題は、定期的に「ジョハリの窓エクササイズ」（P.042）や「リーダーズインテグレーション」（P.052）を行えば、パワハラやセクハラは激減します。

●関係性維持を自己目的化してはいけない

　チームによる関係性改善には、ファシリテーションが不可欠ですが、ファシリテーションの初心者は、関係性を気にするあまり、すべての批判的な発言やダメ出しを避けようとする傾向があります。

成果をあげるためには、批判やダメ出しは不可欠です。そこを忘れて関係性に注目してしまうと、責任を問わない、言うべきことも言わない仲良しクラブになってしまいます。言うべきことをはっきり言っても崩れない関係性をつくること、それが目的なのではないでしょうか。**関係性維持が自己目的化していないか、時々チェックしましょう。**

心を変えるより、まず行動を変える

●心を変える vs 行動を変える

　図表3を見てください。左に卵のような絵がありますが、その黄身の部分は外からは見えない人の心（マインドセットや価値観、性格といったもの）を表しています。その外にある白身の部分は発言や行動です。右には成果があり、それは行動を通じて生まれることを表しています。

　組織を変えるという時に、よく言われるのがマインドチェンジです。心が変わり、行動が変わって結果が変わるというわかりやすいロジックです。図でいえばM→B（Mindset to Behavior）となります。

　しかし、人の心や性格はなかなか変わりません。内向的な人に、外向的になれと言っても簡単にはいきません。しかし、外向的に振る舞うことなら可能です。自分の性格や考えとは違っていても行動を変え、それによって成果をあげることができます。そしてその行動が成果によって強化されていくと、しだいに心も変わっていきます。これを図ではB→M（Behavior to Mindset）で表しています。

　人は愉快だと笑いますが、逆に笑うと愉快になるということをご存じだと思います。それと同じで心と行動の間には双方向性があります。内面（M）を変えるために長い時間を掛けるのではなく（もちろんそれを目指しているのですが）、まず行動（B）を変え、それを起点にしてB→M→B→…とつながる連鎖を生み出すことを意識しましょう。このほうが、成果をあげながらなので継続性があります。

　先ほど、グランドルールの話をしました。これはまず言動を変えるということです。90分の会議の時間だけのルールから始めて、それを特定のプロジ

●図表3：心を変えて行動を変えるのか、行動を変えて成果を出して心を変えるのか

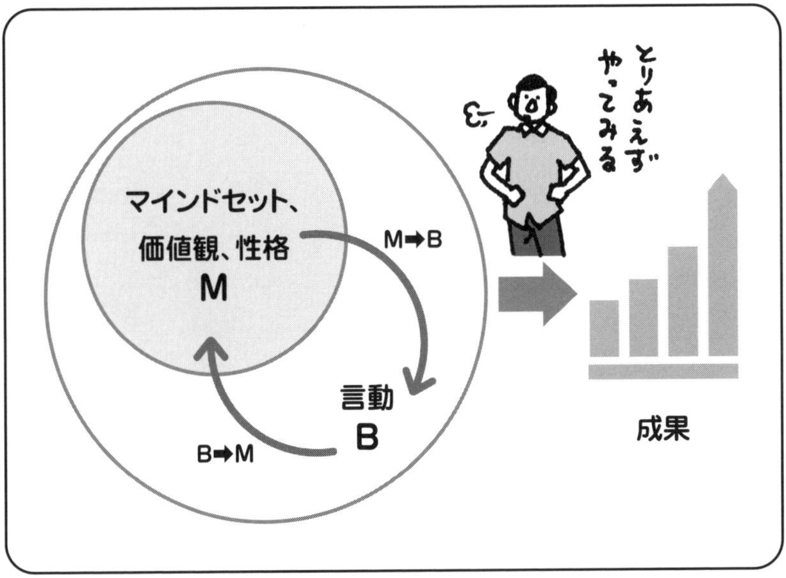

マインドセット、価値観、性格
M

M→B

とりあえずやってみる

言動
B

B→M

成果

ェクトに適用し、最後は普段の行動すべてに拡大していく。するとはじめはルールだから行っていた言動がクセになり、結果が出ると行動が強化され、やがて生活習慣が変わって良いサイクルが回ります。それによって人の内面までが変わっていく。組織を変えるには、こういうサイクルを意識して、じっくりと成果をあげながら取り組む。それがコツです。心を変えることにこだわっていると時間が掛かるわりには成果があがらず、続けられなくなります。

●「意見が出ない問題」を解決する

みんなで話しあっても意見が出ず、うまくいかなかったという経験があると思います。その解決策として、ファシリテーションの教科書には、話しやすい「場づくり」ということが書かれていますが、それでは解決しないことが実際にはたくさんあります。

それは次の2種類の原因によります。

- ●意見がない。何を発言したらいいかわからない
- ●仕事が増えたり責任を問われるから黙っている

「知らないから発言しない」「仕事が増えるから発言しない」という問題をどうすれば解消できるでしょうか？ これも行動を変えることで解決することができます。それは図表4に描いたような行動手順を踏んでもらうことです。いきなり意見やアイデアを求めるのではなく、問題に関係しそうなことをまず観察してきてもらう。たとえばチームが考える良い職場とは具体的にどこなのか？ 固有名詞を挙げてもらう。それは自分たちの職場とどこが違うのか？ 何がその違いを生み出しているのか、そうしたことを調べ観察し考えてきてもらう。その結果を持ち寄ってもらうと、必ず口を開いてくれます。

　次のステップは、観察したことを記録し分析することです。よく行うのはデータを大きいほうから並べて少数の重要因子を見つける「パレート分析」です。データを集め、そうした分析をやってもらうと、仮説としての解決策が浮かぶはずです。それをその場で否定したり、できない理由を話すのではなく、**どうすればコストをかけず、短時間に検証できるか**を話しあってもらう。チームでこういうプロセスを踏むと、いろいろな発見があり、意見のない人も意見を持つようになります。仕事が増えるから発言を控えている人も、雰囲気的に口を開かざるをえなくなります。これで「意見が出ない問題」は解決です。
　この観察（Observe）・記録（Record）・分析（Analyze）・仮説（Hypothesize）というプロセスを各単語の頭文字をとってORAH（オラー）と呼んでいます[*3]。組織を変えるファシリテーションで重要なことは、普段からORAHを意識させるような問いかけをし、身の回りのことを観察・記録して分析するという生活習慣をつけることです。それがチームの意識や行動を変えていくことにつながります。
　その時の注意点としては、「どうすれば時間を掛けずに、楽しく仕事に集中

＊3　森時彦著『ストーリーでわかるファシリテーター入門』ダイヤモンド社、2018では、観察することから思考を促していく手順を、ストーリー仕立てで描いています。

●図表4：ORAH（オラー）。良いアイデアは、優れた観察から生まれる

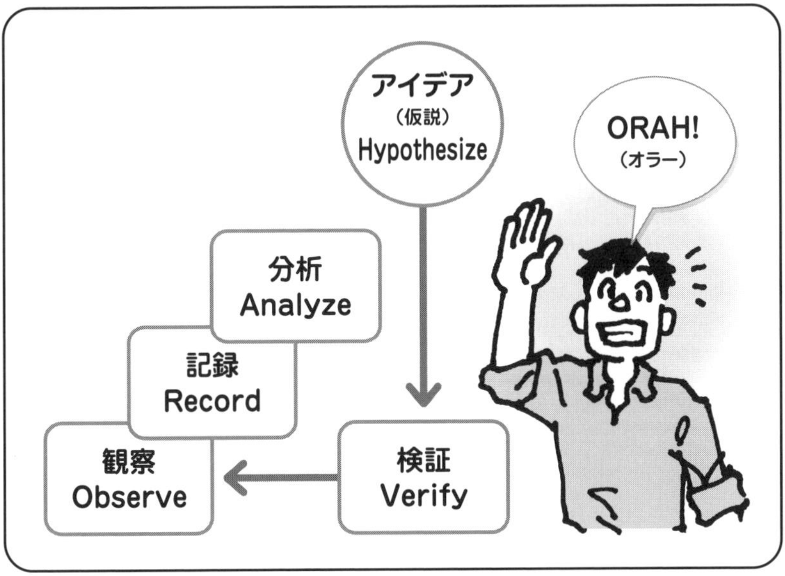

することができるだろう？」といった抽象的な問いより、「誰がそういう仕事の仕方をしているだろう？　彼・彼女らはどうやっているのか？」といった具体的で、注意して観察すれば必ずわかる質問をすることです。

　事前に参加者にORAHをやってきてもらうことが一番ですが、結果として成果の出ないミーティングになってしまった時には、ミーティングを終える前に、次回までに観察・記録してきてもらう宿題を出すことです。そして次の会議でその結果を持ち寄って議論する。こういう作業を2〜3度行ってみると、「考えるチーム」になる素地ができてきます。

　この「観察」は、親近感や共感を生むことにもつながります。それについてはコラム「共感をつくる技術」(P.056) に書いているので参考にしてほしいのですが、ここでは「観察」は仕事への愛着と問題解決の両方を進めるお得な方法だということを指摘しておきたいと思います。

●質問力を磨こう

　質問力はファシリテーションの肝です。いま解説したORAHと同じように、

チームの思考を促す「良い質問」はたくさんあります。ファシリテーターたるもの、いざという時にサッと取り出せるように、常日頃からそういう質問を考えてポケットに入れておくようにしたいものです。

　そこで、みなさんの参考になればとマンダラート[*4]を使って、私（森）が考える「良い質問」のヒントを図表5のようにまとめてみました。マンダラートは、デザイナーの今泉浩晃さんが1987年に考案した発想法で、図のような曼陀羅状のマス目を埋めながら発想を拡げ、深めるためのツールです。まず中央にテーマ「良い質問」を置き、それを取り囲む8つのマス目にアイデアを書き出しています。

　ORAHはいま解説した通りですが、その左横にあるGOALは目的を振り返る問いです。何を達成しようとしているのかだけでなく、誰のためかということも含めて質問を考えると、議論が迷走した時などに大いに役立ちます。「目的・手段ツリー」（P.090）はこれをツール化したものです。ボトルネックは、障害になっているものを探す問いです。ツールとしては、前著[*5]で紹介したプロセスマッピングなどがそれにあたります。

　視点変換は、「Amazonだったらどうする？」「先輩の宮崎さんだったらどう考える？」「自分が客だったらどう感じる？」のように視点の切り換えを促す問いです。具体化・抽象化は、「たとえばどんなもの？」「抽象化するとどうなる？」といった思考の抽象度を切り換える問いです[*6]。抽象的な議論は空論に終わって実効性がなくなる一方、具体論だけでは思考に飛躍がないので、この2つのレベルを往復することが、思考を深めるのに役立ちます。

　定義は、用語の定義を確認する問いです。意外と定義が違うために意見が合わないということは多いものです。定義と一緒に判断基準が共有されているのかも確認すると、納得感のある議論を引き出すのに役立ちます。Analogyは、似たものからの類推を促す問いです。アイデア出しで行き詰まっている時などに役立ちます。そして右下のPositive Q。これは、元気を引き出す問いです。第5章にある「ポジティブゴシップ」（P.128）や「セレブインタビュー」（P.132）はこれをツール化した、やる気を高めるためのものです。

＊4　今泉浩晃著『創造性を高めるメモ学入門』日本実業出版社、1987
＊5　森時彦、ファシリテーターの道具研究会著『ファシリテーターの道具箱』ダイヤモンド社、2008
＊6　森時彦著『ストーリーでわかるファシリテーター入門』ダイヤモンド社、2018

●図表5：良い質問を思いつくためのマンダラート

GOAL	ORAH	ボトルネック
視点変換	良い質問	具体化 抽象化
定義	Analogy	Positive Q

　さて、マンダラートはこれで終わりません。今度は次ページの図表6のように拡大して、この8つのヒントの周りにさらに8つのアイデアを展開するのです。これは読者のみなさんの宿題にします。みなさんのチームを思い浮かべて、GOALを考えてもらう質問とはどんなものがあるのか、視点を切り換えるには、と考えて、それぞれ8つずつ書いてみてください。いざという時に役立つ質問力を磨くことができるはずです。

●「適応課題」の解決には時間が掛かる

　この章の最後に、みなさんが直面する問題には、生活習慣を解消するだけでは解決しない厄介な問題があるという話をしておきます。

　それは組織の価値観や考え方を変えないと解決しない問題です。単なる「悪い生活習慣」ではなく、その裏にそれを正当化する「考え方」「価値観」「歴史」「アイデンティティ」といったものがある。つまり、生活習慣を変えようとすると、大切にしている文化やアイデンティティを損なう可能性があるという難問です。

●図表6：マンダラートをつくって質問力を鍛えよう

　ハーバード大学ケネディスクールのロナルド・ハイフェッツは、リーダーシップについて長年研究してきた人ですが、そういう問題のことを「適応課題（adaptive challenge）」と呼び[*7]、リーダーにとっても最も難しい課題だとしています。これを「適応」と呼ぶのは、自分の価値観を適応させないと解決しない問題という意味合いです。

　たとえば、「A社と合併すればいいことはわかっているが、プライドが許さない」といった問題。「感覚ベースだった営業をファクトベースに変える」というのも、それまで感覚を大切にしてきた諸先輩の面子をつぶすので見えざる抵抗を受ける可能性があります。

　このように一見「悪い生活習慣」だけの問題のように見えても、そのサイクルの背景には解決に時間が掛かる厄介な問題があるということを覚えておきましょう。

　ハイフェッツは、「適応課題」と対比して、知識や技術があれば解決する

＊7　ロナルド・A・ハイフェッツ、マーティ・リンスキー、アレクサンダー・グラショウ著、水上雅人訳『最難関のリーダーシップ：変革をやり遂げる意志とスキル』英治出版、2017

「技術的問題（technical problem）」が組織にはあり、この2種類の問題は混在していることが多いと指摘しています。確かに、解決のアプローチはまったく違うので、この2種類の問題を意識して腑分けし、対応することが必要です。

●突破力を身につけよう

　実際に組織を変えていく時には、「技術的問題」が解決しないと「適応課題」の議論に進めないということがよくあります。リモートワーク中心に働き方を変えるには、その前にICT（情報通信）機器への投資と整備が必要といったことです。これはきわめて論理的なので、そこで立ち止まってしまいがちですが、現実にはいまのサイクルを維持するための言い訳になってしまうことがよくあります。

　この強力なロジックを突き破るには、「作業仮説を立てて先に進む」という方法が有効です。この例なら「ICT機器の整備が行われたとして」と作業仮説を立てて先に進めるのです。

　これは未知数をXとして代数的に問題を解く方法と似ています。算数では難しい鶴亀算も、代数なら簡単に解け、いろいろな問題に使える汎用性もあります。実際の問題でも、作業仮説を立てて先に進めるほうがうまくいくことがよくあるのです。たとえば、リモートワーク中心の働き方を先に議論すると、そのために求められるICT機器のスペックが明確になり、ムダな投資をせずにすみ、早く問題が解決するといったことです。

　ファシリテーターのみなさんには、こういう進め方を使いこなせるようになって、突破力を身につけてもらいたいと思います。

この章のまとめ

- 組織の状況に応じてPパスとMパスを意識して使い分けよう
- マズローのハンマーにならないために、常に「誰のためか」「何のためか」と問いかけ、適切な道具を選べるよう準備しておこう
- Pパスを成功させるポイントは、数値で成否が判断できるようなゴール設定と、提案を承認してくれるスポンサーを置いて進めること
- 現状をサイクルとして捉え、そのダイナミックスを理解した上で、組織を変える戦略を立てよう
- 現状のサイクルは、口癖のような些細な習慣から生まれていることが多い。これを変えて新しいサイクルに移ることを考えてみよう
- グランドルールには、「悪い生活習慣」「空気」「関係性」などを変える大きな力があるのでうまく活用しよう
- 関係性維持が自己目的化し仲良しクラブになっていないか、時々チェックしよう
- 心の変革は大切だが、時間が掛かるので行動を変えて成果をあげながら心の変化を見守ろう
- 「意見が出ない問題」にはORAH（オラー）による行動変化で解決を試みてみよう
- マンダラートを使って、人を動かす質問力を磨こう
- 作業仮説で突破力を身につけよう

第 **1** 章

仕事を減らす

楽しく盛り上がりながら、やめることを決める

こんな時に使える!

　非生産的なムダな業務や活動をやめようとすると、抵抗に遭うことがあります。そんな時に、あえてもっと「悪くする方法」をみんなで話しあう逆転の発想です。やりながら笑いが湧き上がり、自然と心が開くツールです。

この道具の使い方

[所要時間] 40分 [人数] 4〜200人 [事前準備] 模造紙、付箋、水性ペン

1. トゥリーズの進め方（右図）を紹介する（5分）
2. 4〜7人のグループに分かれ、課題について「失敗する方法」を話しあい、リストAを作成する（10分）
3. 同じグループで、このリストAと同じような行動があるか話しあい、あれば書き出して「やってしまっている」リストBを作成する（10分）
4. 同じグループで「やめるべき行動」リストCを作成する（10分）
5. 全体で共有する（5分）

使用例

　あるチェーンストアでの話。顧客満足度（CS）を上げるための活動計画を策定したが、現場で実行されずCSは停滞したままだった。そこで、現場を巻き込んでCSを「下げる方法」を話しあったところ笑いの絶えないワークショップとなり、その中で「店長がお客様の前でスタッフを叱る」というアイデアが出た。ワークショップでは犯人探しはせず、アクションは決めなかったが、その後、店長がお客様の前でスタッフを叱ることはなくなった。

さらに使いこなすためのヒント

◉「私（私たち）は、○○をやめる」という形でアイデアを宣言してもらい、みんなで拍手すると、実行につながりやすくなります。
◉笑いながら、危機感を醸成するツールとしても使えます。

●トゥリーズ

トゥリーズの進め方

顧客不満足度を高める方法
①「接客で失敗する方法」を各グループで話しあい、
　リストAを作成する（10分）
②リストAと同じような行動をしているものがあれば
　書き出してリストBを作成する（10分）
③やめるべき行動リストCを作成する（10分）
④全体共有（5分）

リストの例（店舗での顧客満足度について）

「失敗する方法」 リストA	「やってしまっている」 リストB	「やめるべき行動」 リストC
お客様に 声を掛けない		
お客様に 突然声を掛ける	たまにビックリされる	お客様の様子を 見ずに声を掛ける
お客様を待たせる	混雑時に 待たせがち…	どのくらいで戻れるか 伝えずにお客様を 待たせる
店長がお客様の前で スタッフを叱る		
欠品を増やす	品薄商品もあるが、 連絡モレで欠品する こともある	欠品連絡リストを 確認せずに帰宅する
お取り寄せの約束を 守らない		

「すべきこと」を決めて、集中する

こんな時に使える!

　細かな仕事が増え、目的を達成するために何に集中するべきかわからなくなってしまった時に、必要最低限の「すべきこと」を見極めて仕事を減らすツールです。

この道具の使い方

[所要時間] 40分 [人数] 4人以上 [事前準備] 模造紙、水性ペン

1. 4〜7人のグループに分かれ、グループごとの進行役と書記役を決める
2. 1人で、これから話しあう仕事で「すること」を考える（1分）
3. グループで「すること」を最大限に網羅した『そんなに！』リストを作成する（5分）
4. ファシリテーターが仕事の目的を確認し、その目的を達成するのに必要のない項目を外して、『これだけ！』リストを作成する（15分）
5. グループが複数ある時は、全体で共有し、さらに簡素化した『これだけ！』リストにする（15分）

使用例

　在宅勤務制度を設計するにあたり、どの業務を在宅勤務可能とするか、チームで意見がまとめられなかった。そこで、業務全体の『そんなに！』リストを作成し、次に「会社で効率よく仕事をする」という目的に照らして、『これだけ！』リストを作成した。その結果、会社ですべきことは4つに絞り込まれ、残りの業務は在宅勤務可能となった。

さらに使いこなすためのヒント

◉十分に絞り込まれない場合は、第2ラウンドを行いましょう。
◉「これをしなくても、目的を達成できますか？」という問いに対して、「はい、でも…」という答えが返ってきた時は、無慈悲に『これだけ！』リストから削除しましょう。

●これだけ!

『そんなに!』リストと『これだけ!』リスト

ソフトウェア開発業務の 『そんなに!』リスト		会社で効率よく仕事をする 『これだけ!』リスト
提案書作成: 顧客から貸与された 紙の資料を参考に	守秘義務	提案書作成: 顧客から貸与された 紙の資料を参考に
提案書作成: 顧客から提供された電子 ファイル(印刷不可)を参考に		
仕様書作成		
設計書作成		
設計書レビュー(シニア)		
設計書レビュー(ジュニア)	対面必須	設計書レビュー(ジュニア)
コーディング		
単体テスト		
結合テスト		
総合テスト(ユーザー確認)	対面必須	総合テスト(ユーザー確認)
検収手続き		
社内システム入力(経費や勤怠)		
メンターとメンティーの相談	対面必須	メンターとメンティーの相談

そんなに!

これをしなくても
目的を達成できますか?

ムダな仕事を洗い出して、やめよう！

こんな時に使える！

「これ、何のためにやっているのだろう？」と思う仕事はたくさんあります。そういう「ムダな仕事」（結果に影響しない仕事）をみんなで洗い出してやめるためのツールです。

この道具の使い方

[所要時間] 30〜180分 [人数] 2〜100人 [事前準備] 付箋、ホワイトボード、筆記具

1. やめることを承認できる人にスポンサーになってもらう
2. 4〜5人のグループに分かれて、やめたほうがいいと思う仕事を付箋に書いてホワイトボードに貼り出す
3. みんなで投票して、やめるべき仕事に優先順位をつける
4. 優先順位の高い仕事について、①やめる、②外部化、③減らすなどの対策をブレストする
5. スポンサーに提案して、承認をもらう

使用例

　総務課長がスポンサーになって、課員の仕事を減らすワークアウトを実施したところ、「人事部から請け負っている仕事を戻す」「営業支援業務をやめる」「申請書類のペーパーレス化」など、課長の権限で決められないものも出てきてしまった。とりあえず「課の定例会の時短」と「課のフロアレイアウト変更」は承認し、課長の裁量を超える提案については、改めて上位のマネージャーにスポンサーになってもらうことになった。

さらに使いこなすためのヒント

- ◉スポンサーの裁量範囲をあらかじめ伝えておくと、「使用例」のようなことが発生しなくてすみます。効果をあげるために裁量権の大きな人にスポンサーになってもらいましょう。
- ◉「やめるべき仕事を洗い出しておいて」と事前準備を促しておくとスムーズに進みます。
- ◉右ページのようなチェックリストを使うとアイデアが出やすくなります。
- ◉アイデアが出にくい時は「1-2-4-All」(P.060) を併用してみましょう。

●ワークアウト

アイデアが出やすくなるチェックリスト

● 承認プロセス（ハンコの数）
● 会議（数・時間・時間帯・オンライン化）
● 書類（使われているか？）
● 慣例的にやっていること
● 他部署でも同じ作業をしていないか？
● 他のことで置き換えられないか？

参考資料：デーブ・ウルリヒ、スティーブ・カー、ロン・アシュケナス著、高橋透、伊藤武志訳『GE式ワークアウト』日経BP社、2003

ムダな仕事をやめて、新しいことに取り組もう!

こんな時に使える!

新しいことに取り組みたいのに時間が足りなくて着手できない時は、全体のリソース配分が悪いのかもしれません。このツールで全体像を「見える化」すると、判断しやすくなります。

この道具の使い方

[所要時間] 80分 [人数] 4人以上 [事前準備] エコサイクル計画シート、付箋、筆記具

1. エコサイクル計画の進め方を説明し、いま抱えている業務を付箋（1枚1件）に書き出してもらう（個人ワーク10分）
2. ペアでその業務がエコサイクル計画の4象限のどこに分類されるか話しあう（10分）
3. 2つのペアが1組になって、4人ですべての付箋を、壁に貼り出した模造紙（エコサイクル計画シート）の上に配置し、全体のバランスを俯瞰する（30分）
4. 「硬直性の罠」にある業務をやめるための方策（10分）と、「貧困の罠」にある業務にもっと時間を使うための方法（10分）をまとめる
5. 全体で共有し、コンセンサスを得る（10分）

使用例

日々の仕事に追われて新機能の開発に着手できていないIT企業。いまの仕事をエコサイクル計画シートに配置して全体を俯瞰したところ、保守業務（成熟）に多くの時間をとられ、最新技術を使った代案提案（再生）もわずかで、新規案件（創出）にはまったく時間がとれていない現状が浮かび上がった。この見える化で問題意識が先鋭化し、成熟案件を統廃合する具体的なアクション（創造的破壊）が列挙され、新機能開発に向けて動き出した。

さらに使いこなすためのヒント

- ◉多様な参加者、特に顧客を巻き込むことで、木も森も（細部と全体を）見ることができます。
- ◉「創造的破壊」象限を掘り下げるには、「トゥリーズ」(P.022) が有効です。

エコサイクル計画シート

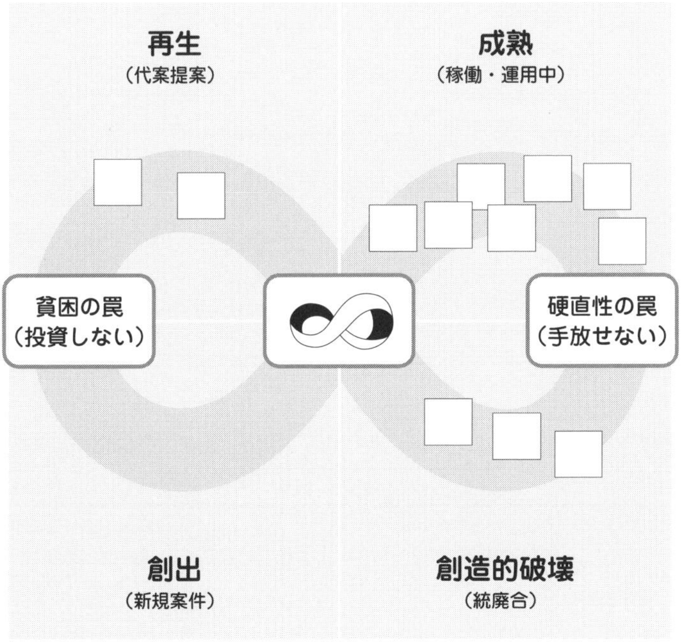

再生
（代案提案）

成熟
（稼働・運用中）

貧困の罠
（投資しない）

硬直性の罠
（手放せない）

創出
（新規案件）

創造的破壊
（統廃合）

4つの象限の意味

成熟	既存品のメンテナンスや再生産
創造的破壊	既存品を創造的に統廃合して、少ないリソースで同じ機能・サービスを提供できないか考える
再生	創造的破壊の結果、既存ニーズを満たす新しい提案
創出	新しい製品・サービスの開発

コラム

リベレイティングストラクチャー
Liberating Structures

みなさんもセミナーなどに参加されることがあると思います。たいてい最後にQ&Aセッションがありますが、時間の制約もあって発言できる人はごくわずかです。時にはマイクを離さない人もいて、おもしろくなかったということも多いのではないでしょうか。

しかし2013年12月に私（伊藤保）が参加したセミナーはまったく違っていました。講師でテキサス大学エルパソ校コミュニケーション学のアービンド・シンハル（Arvind Singhal）教授が、次のように問いかけたのです。

「いまから1人で1分間、今日のセミナーで得たことと質問を考えてください」（1分）

「次に隣の人とペアになって、お互いの考えを共有し、1つの質問にしてください」（2分）

「では、2つのペアで1組になって、ペア同士でお互いの質問と考えを共有して、それを1つの質問に集約してください」（4分）

「はい、それでは各グループから質問をお願いします」

つまり、手順を追って4人で1つの質問を考えさせ、その質問すべてに答えたのです。とてもインパクトがあって強く印象に残りました。よくバズセッションという似たような手法が使われますが、ムダ話をしていることが多いように思います。この方法ではアウトプットが明確なので、話がしっかりとできます。

これが、本書でも紹介した「1-2-4-All」(P.060) というリベレイティングストラクチャー（Liberating Structures：略してLS）と呼ばれるファシリテーション・ツールの1つです。このセミナーがきっかけとなり、私は2019年3月にアメリカのシアトルで行われた世界中のLS実践者が集まるイベントに参加しました。日本からの参加者は私だけでしたが、社会課題解決の現場で活躍する人たち、コミュニケーションの研究者、ビジネス・コンサルタント、そしてアメリカ西海岸の名だたる企業で組織開発に取り組んでいる人たちと、LSを使った深い対話をすることができました。

そこで世界中のあらゆる分野でLSが活用され、わかりあえない立場の人たちとの関係性構築と課題解決がなされていることを目のあたりにしました。そして、日本ではこのLSがほとんど知られず、実践されていない状況に焦燥感を持ちました。

Liberating Structuresを直訳すると「解放構造」という感じになってわかりにくいと思いますが、職位や立場から解放されて話しあうためのstructuresなので、「フラットな関係で話しあうための仕掛け」と意訳するとわかりやすいと思います。

　LSには話しあいの目的や状況に応じて、なんと33もの道具が用意されています。「どんな時でも、その場にいる全員が自分ごととして楽しく話しあいに参加する」ということを促すツールです。本書でもたくさんのLSツールを紹介しましたが、より詳しい情報が欲しいという方は、下記のリンクにアクセスしてください。

　LSは許諾の必要なく無料で使用できますが、LSを紹介し、ツールを利用される際には、帰属（著作者とクリエイティブ・コモンズ・ライセンス）を掲載することが求められていますので、ご協力をお願いします。

※「リベレイティングストラクチャー」のFacebookページ
　https://www.facebook.com/LiberatingStructuresJapan/

第 2 章

関係性を良くする

アッと驚く本音を引き出し、集まった人たちがつながる

こんな時に使える！

全体ミーティングや全社キックオフなど、多くの人が集まるイベントのオープニングで、真面目で楽しいアイスブレイクとして場を暖めるツールです。

この道具の使い方

[所要時間] 25分 [人数] 16人以上 [事前準備] 質問を上映する機材、ベル

1. は茶め茶会の進め方を説明し、全員で2つの同心円状になって、内側と外側の輪の人がペアで向かい合うように指示する（3分）
2. 最初の質問を投影し、その答えをペアで話しあう（ペアで2分）
3. ベルの合図で、それぞれが右に動き、新しいペアをつくる（1分）
4. 次の質問を投影し、その答えをペアで話しあう。これを5回程度繰り返す（合計15分）
5. 最後に全体に向けて「自分の印象に残ったことや感じたことはありますか？」と問いかけ、気づきを数人から共有してもらう（5分）

使用例

あるチェーンストアの店長会議では、エリアマネージャーや経営幹部が一方的に話すだけで、店長たちの自発的な発言はなかった。そこで、オープニングにこのツールでアイスブレイクを行ったところ、盛り上がった店長たちの口が軽くなり、会議後に店長同士の話しあいまで始まった。

さらに使いこなすためのヒント

- ●じっくり考えるより、素早く直感的に答えてもらうほうが盛り上がります。
- ●本音を浮かび上がらせるには、最初は答えやすい質問から始め、徐々に心の内に迫る質問で場に勢いをつけながら、最後に核心を突く質問をします。
- ●会場の机は取り払い、参加者が自由に動き回れるスペースをつくります。人数に制限はありませんが、20名程度で1組の同心円をつくってもらうこともできます。
- ●質問の投影は会場のどこからでも見えるように、大きなスクリーンを使用しましょう。

●は茶め茶会

質問例（店長会議での質問）

1. 今日の店長会議への期待は何ですか?

2. あなたの店舗がある地域には、どんな特徴がありますか?

3. あなたの店舗の一番の自慢は何ですか?

4. 店舗運営で1つだけ変えられるとしたら、
   何を変えますか? どんな風に?

5. 本部からの指示でやめてほしいことは? それはなぜ?

場のつくり方

① 会場の机は取り払い、参加者が自由に動き回れるスペースをつくります。

② 全員で2つの同心円状になり、内側と外側の輪の人がペアで向き合います。

速攻で期待や課題を共有し、チームビルディングする

こんな時に使える!

初めて顔を合わせる人たち同士でプロジェクトを立ち上げる時の自己紹介や、ワークショップなどのイベントのオープニングでアイスブレイクとして、場を暖めるツールです。

この道具の使い方

[所要時間] 20分 [人数] 8人以上 [事前準備] ベル

1. 事前に会の趣旨にそった「質問」を用意しておく
2. ファシリテーターからの「質問」に対して、その答えと簡単な自己紹介を考える時間をとる（個人ワーク1分）
3. なるべく見知らぬ人（beautiful stranger）同士でペアを組み、1人2分で自己紹介と質問への答えを話しあう（計4分）
4. ベルの合図でペアを変えて、3ラウンド程度繰り返す
5. 最後に全体で、ペアの相手から聞いた「印象に残った話」を、数人から共有してもらう（5分）

使用例

日用品の開発に必要な情報収集として、20名ほどの人にグループインタビューをお願いしていた時の話。毎回、オープニングの自己紹介に時間が掛かりすぎていたので、このツールを使ったところ、短時間で会場が盛り上がり、その勢いのまま、最初から活発なディスカッションにつながった。

さらに使いこなすためのヒント

◉「質問」は1つに絞りましょう。2つ以上あると話が長くなります。
　例：「他人に勧めたい良品」「感動した映画」「買いたいモノ」
◉会場は騒がしくなるので、話の終了を伝えるベルを用意しておきましょう。
◉オープニングだけでなく、クロージングでの質問（今日の感想や最も役立つと思うことなど）で、振り返りとして使うこともできます。
◉参加者の自己紹介と質問への答えに聞き耳をたてておくと、ファシリテーションに役立つ貴重な情報が得られることがあります。

●速攻!ネットワーキング

場のつくり方

① 参加者が自由に動き回れるスペースをつくり、ペアを組みます。
　人数が偶数でない時は、3人で、またはその場をサポートするスタッフと
　ペアを組みます。

② 相手が見つからない人は、手を挙げて積極的に自分から動いていくことを
　アドバイスします。

半生を振り返り、
価値観を共有しあう

こんな時に使える！

　　幼なじみだと話が弾むように、過去の体験や思い出を共有するとチームワークを高めることができます。新入社員と自分たちの半生を共有し、コミュニケーションを円滑にしてみませんか。久しぶりの同窓会にも使えます。

この道具の使い方

[所要時間] 60～120分 [人数] 3～8人 [事前準備] ライフストーリーチャートの用紙、筆記具

1. 右ページの記入例を参考に、印象に残っている出来事とその時の充実度を時系列で振り返り、個人ワークでグラフを描く（20～30分）
2. 幼少期から現在に向かって、自分の人生に影響を与えた出来事を中心に、なぜそれが重要だったのかも含め、1人ずつ順番に説明する（5分/人）
3. 参加者は、気になったことや、もっと知りたいことを質問する（5分/人）
4. 全員分終わるまで2～3を繰り返す

使用例

　　新入社員を迎えたチームで、早期に相互理解を深めたいと、このツールを使ってチームビルディングを実施。新メンバーが、学生時代の部活の経験からチームワークを大切にしているとわかり、既存メンバーの幼少期の原体験がいまの仕事に活きていることも知って、一体感が高まった。

さらに使いこなすためのヒント

- ●話したくないことは話さなくてよいことにしましょう。
- ●印象に残っている出来事から大切にしている価値観を言語化してもらうと、有益な気づきになることがあります。
- ●関係性が良いほど開示できることは増えます。時間をおいて時々実施すると、過去とは違った話が出てきて理解が深まります。
- ●採用面接の場で使うと、カルチャーフィット（企業文化との適合性）を見極めるヒントになることがあります。

●ライフストーリーチャート

ライフストーリーチャートの記入例

① 幼少期から現在までの時系列を横軸に取り、人生の充実度を縦軸に取ります。

② 自分の人生に影響を与えたことを中心に、充実度をチャートに表します。

チームに入ってきた新人と
素早く期待値をすりあわせる

こんな時に使える！

　チームに新しくメンバーが入ってきた時に、お互いを知りあい、素早くチームに溶け込んで力を発揮してもらうために役立ちます。

この道具の使い方

[所要時間]（9分×人数）＋10分 [人数] 4〜8人 [事前準備] サインペン、付箋（75×75 mm）、ホワイトボード

1. 事前に右ページの問いを共有し、1問に対して1枚の付箋を使って答えを書いてきてもらう
2. 縦に右ページの問い、横に参加者の名前を記入したホワイトボードを用意しておき、1人ずつ順番に、付箋を貼りながら、記入した内容の背景などを説明していく（4分/人）
3. 参加者は発表内容の気になった点について質問する（4分/人）
4. 全員が終わったら感想を共有する（1分/人）

使用例

　北村さんが入社して2週間が経ち、なんとなくチームの雰囲気に馴染んだところで、このエクササイズを実施した。エクササイズではプライベートなことも話題になり、チームの一体感が急速に高まった。

さらに使いこなすためのヒント

◉新メンバーが素早くチームに溶け込むためだけでなく、既存のメンバーがチームの目的を改めて確認し自分の役割を振り返るためにも役立ちます。
◉ファシリテーターは、付箋に書かれた内容だけでなく、その背景にある考えや、大切にしていることを引き出すように問いかけます。
◉時間を短縮したい時は、右ページの問いのうち②④⑤⑥の4つに絞って実施してもよいでしょう。
◉Microsoft ExcelやGoogleスプレッドシートを使えば、オンラインでもできます。

●ドラッカー風エクササイズ

ドラッカー風エクササイズの問い

1. 自分はなぜここにいるのか？

2. 自分は何が得意なのか？

3. 自分は何が苦手か、地雷は何か？

4. 自分はどうやって貢献するつもりか？

5. 自分が大切に思う価値は何か？

6. チームメンバーは（いまの）自分にどんな期待をしていると思うか？

7. 各チームメンバーへの期待は？（誰宛てかわかるようにする）

参考資料：Jonathan Rasmusson "The Agile Samurai: How Agile Masters Deliver Great Software" Pragmatic Bookshelf, 2010

新たな自分を発見し、チームメンバーを深く知る

こんな時に使える！

　参加者の相互理解を深め、チームワークをもう一段階引き上げたい時に役立ちます。新しいメンバーがチームに加わってから少し時間が経った時や、通常の業務を行う上では問題がなくてもさらに関係性を深めたい時に有効です。

この道具の使い方

[所要時間] 60〜90分 [人数] 5〜8人 [事前準備] 「ジョハリの窓シート」の記入、ロの字型の机配置

1. 参加者には事前に右ページの「ジョハリの窓シート」（A3）を配布し、「自分が知っている」の欄（左半分）に記入して持ち寄ってもらう
2. ファシリテーターのリードで全員のシートを回覧し、「盲点の窓」（右上）に1人ずつフィードバックを記入する（4分/人）
3. 全員からのフィードバックが埋まったら、もう1周回して「これは同意できる」というコメントにチェックを付ける（1分/人）
4. フィードバックとチェックが終わったら、自分のシートを受け取り、各自で「発見・気づき」の欄（左下）に記入（個人ワーク3分）。書き終えたら1人ずつ発表し、感謝の意を伝える（2分/人）
5. 「発見・気づき」の共有が終わったら、1人ずつ具体的なアクションプランを宣言する（1分/人）

使用例

　チームの雰囲気は悪くないが、建設的にぶつかりあって切磋琢磨するというレベルには至っていない。そう感じていたリーダーは、このエクササイズを行うことを提案。実際に行ってみると、自分では秘密にしていると思っていたことが周囲にバレバレだったり、周囲からこんなふうに見られていたという気づきを得ることができた。1時間のワークの後、チームは以前より率直に、ホンネを話しあえる関係性が生まれたような空気になった。

さらに使いこなすためのヒント

●参加者にはあらかじめ「自分をさらけ出すほど、良いフィードバックが得

（→ 044 ページへつづく）

● ジョハリの窓エクササイズ①

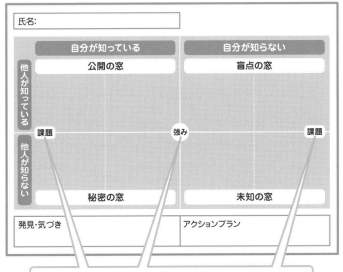

ジョハリの窓シート

氏名:

	自分が知っている	自分が知らない
他人が知っている	公開の窓	盲点の窓
他人が知らない	秘密の窓	未知の窓

課題　　強み　　課題

発見・気づき　　　アクションプラン

中央にある「課題」「強み」は、各「窓」にコメントを記入する際に、両者を分けてもらうために付いています。視覚的に「強み」が真ん中に集まり、両端に「課題」が並ぶ形になります。

場のつくり方

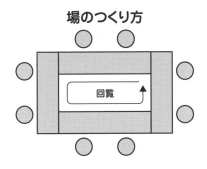

回覧

① ロの字型に机を配置し、参加者が回覧しやすいように椅子を並べます。

② 全員のシートを回覧し、「盲点の窓」に1人ずつフィードバックを記入します。

③ もう1周回して「これは同意できる」というコメントにチェックをつけます。

られること」を伝え、必ず宿題に取り組んできてもらうように促します。また、「他人が知らないと思っていても、意外に見られていること」をあわせて伝えておくと、記入しやすくなります。

●サンプルとしてリーダーがまず自己開示をすると、やりやすくなります。宿題としてシートを配布する時に、普段は出しづらい弱みや本音を織り交ぜながら具体例を記入するように促すとよいでしょう。

●エクササイズの最初に「それぞれの視点を尊重する」というグランドルールを設けると、フィードバックが書きやすくなります。お勧めのグランドルールは「すべての声に価値がある」「思ったことを率直に出す（うまくまとめようとしない）」「すぐに評価・判断しない」です。

●「盲点の窓」にフィードバックしてもらう時は、相手への批判と捉えるとコメントしにくくなります。ファシリテーターは、成長に向けてのフィードバックであることを強調しましょう。

●ネガティブなフィードバックがある場合は、笑いに変えるようなファシリテーションも有効です。和やかな雰囲気づくりを意識しましょう。

●同意のチェックが多いコメントは周囲の認識が揃っているので、「発見・気づき」につながる問いを発してみましょう。

●アクションプランは「いつまでに」「何をするか」を明確にすると、効果があがります。「3W」(P.120) を参考にしましょう。

●ジョハリの窓エクササイズ②

ジョハリの窓シート記入例

① 事前に配布されたシートに
宿題で左側半分を埋めます。

② メンバーのフィードバックを
右上に記入します。

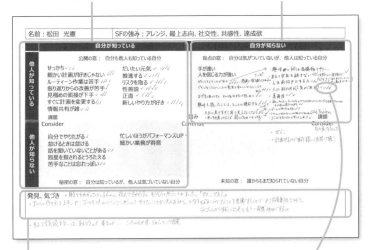

③ フィードバックを読んで同意
できるものにチェックを入れます。

④ 自分のシートを受け取り、発見・気づきを記入します
（右半分に「アクションプラン」を記入できるようにするのも
お勧めです）。

もめている2人の関係性を修復する

　メンバー同士の関係性がこじれて困っている時、当事者だけに関係修復を任すのは無責任というものです。こういう時こそ第三者の出番です。

この道具の使い方

[所要時間] 事前質問30分、対話60分×実施回数 **[人数]** 3人

1. 2人の当事者が信頼している人をファシリテーターに選ぶ
2. ファシリテーターは個別に事前ヒアリング（右ページ）を行い、関係性の課題、当事者のニーズ、相手へのリクエストを整理する（30分）
3. 3人で対話する場を設け、冒頭で上記3点をファシリテーターから説明し共通認識にする（5分）
4. 課題、ニーズ、リクエストをテーマに当事者2人で対話してもらう。ファシリテーターは観察しながら気になった点を記録し、必要に応じて介入する（50分）
5. 最後に対話の感想として、今後も関係性を継続したいか、継続するとしたらどうすればもっと良くなるかを一言ずつもらう（5分）

使用例

　年上部下との関係性に悩んでいる田中さん。その部下からは「マイクロマネジメントはやめてほしい」と言われたが、そうしないと成果が出ないと思っている。人事に相談して2 on 1を実施した結果、自分の指示のどこに問題があるかが理解できた。そこで、週1回の進捗確認の際にまとめてアドバイスするようにしたところ、関係性が改善し、成果も出るようになった。

さらに使いこなすためのヒント

- 当事者同士の対話の最中には、感情の動きを注視します。表情や顔色、身振り手振り、声のトーンの変化（話すスピードが速まったり、声の大きさが変わったり）があった場合は、感情が動いている証しです。
- お互いの認識が変わるまでには時間が必要です。一度で解決しようとせず、1〜2週間おいて複数回実施すると効果的です。

● 2 on 1

事前ヒアリングの質問

1. 2人の関係性において何が一番の課題か?

2. 課題はいつ頃から生じているか、
   どのような感情を抱いているか?

3. あなた自身のニーズは何か?

4. 相手へのリクエストは何か?

① 事前ヒアリングでは、相手に伝えたくないことは開示しない約束をし、
   率直に話してもらいます。

② 表面的な答えで終わらないように「その裏には何があると思いますか?」
   という質問も交えるとよいでしょう。

③ 当事者同士の対話では、安心安全な場を保つことを意識します。

④ 少しでも雰囲気が悪くなりそうな時は介入しましょう。
   「ニーズやリクエストからずれていませんか」など目的に立ち返る問いや、
   休憩をとるのが効果的です。

チーム状態が悪い時に、身体を動かして理解を深める

こんな時に使える！

　他のメンバーとの距離感が見えない時、もっと信頼関係を深めたい時に、関係性を見える化します。言葉では伝わらないものが、身体を使うと相互理解が進み、改善に向けた話しあいにつながります。

この道具の使い方

[所要時間]（8分×人数）＋10分 [人数] 4〜8人 [事前準備] なし

1．マネキン・ディスプレイの進め方（右ページ）を説明する（5分）
2．現状の関係性と、理想の関係性を考える。どんなポーズでも、椅子や机などを使うのもOKとし、創造性を高めるように促す（個人ワーク5分）
3．1人ずつ順番に、①現状の関係性、②理想の関係性の順に、参加メンバーをマネキンのように動かしながら距離感を表現する。なぜそのような配置になったのか、背景や意図も説明する（5分/人）
4．全員の現状と理想の配置が終わった後、似ていたところ、異なっていたところに着目しながら、1人ひとりの感想を共有する（2分/人）
5．理想の関係性に近づくため、自らのアクションを宣言する（1分/人）

使用例

　関係が悪いわけではないが、何か話しにくさを感じていた社長は、役員と一緒にマネキン・ディスプレイを実施。最初は躊躇していた役員たちも、身体を動かすうちに、ああでもないこうでもないと盛り上がり、これまで見えてこなかった社長との距離感が共通の認識として見えてきた。

さらに使いこなすためのヒント

◉「正解・不正解はなく、自分の視点で見えていることをありのままに出してください」という声がけや、「評価・判断をしない」といったグランドルールの設定が、安心安全な場づくりに役立ちます。
◉現状と理想の配置に名前を付け、写真を撮っておくと、後日振り返った時にインパクトがあります。フレーズやイメージから、理想にどれだけ近づいたかを振り返りやすくなります。

● マネキン・ディスプレイ

マネキン・ディスプレイの進め方

「これからみなさんに、チームの関係性を表現していただきます」
と言って、参加メンバーをマネキンのように動かしながら距離感を
表現してもらいます。

現状の関係性

理想の関係性

はらわり会　Guts Sharing

チームの悪い関係性を
一気に解決する

　　コミュニケーションがネックで仕事がうまく進まない、チームメンバー同士に不信感が生まれて成果が出ない、そんな状態を解決します。

この道具の使い方

[所要時間] 180分×3〜4回 [人数] 4〜6人 [事前準備] なし

1. ファシリテーターは右ページの質問内容を個別に事前ヒアリングし、関係性の課題を把握する（30分/人）
2. 全員で対話する場を設け、1回目は冒頭で「マネキン・ディスプレイ」(P.048) を使ってチーム状態を可視化する（8分/人＋10分）
3. 理想と現状のギャップを埋めるために、話したいトピックを1人ずつ自由に挙げ、対話をする（45分/人）
4. 対話を通じて自分の考えが変わったことを1人ずつ挙げてもらう

使用例

　　あるベンチャー企業の話。自分に対しては役員から個別に相談があるものの、役員同士の会話が成立しなくなっていると気づいた社長は、はらわり会を企画。社外ファシリテーターのリードで、いつもとは違ったゆったりとした雰囲気で話しあいを進めたところ、回を追うごとに相手の視点に立って理解しあう関係性が構築されていった。

さらに使いこなすためのヒント

- 腹を割って話をするため、チームメンバーの誰とも利害関係がない人をファシリテーターに選ぶようにしましょう。効果的なグランドルールは「すべての声に価値がある」「思ったことを率直に出す（うまくまとめようとしない）」「すぐに評価・判断しない」です。
- 業務上のコミュニケーションとはトーンを変え、ゆったりとしたペースでファシリテーションをします。
- テーマが深いため、2週間〜1か月程度の間隔をあけて、3〜4回実施すると効果的です。

● **はらわり会**

事前ヒアリングの質問

1. この会に期待していることは何ですか？

2. 終わった時、どうなっていたら成功といえますか？

3. いまのチームの一番の組織課題は何だと思いますか？

4. もう一度、終わった時、どうなっていたら成功といえますか？

5. この会でやりたくない、話したくないことは何ですか？

6. そのほか何かあれば（感情面で気になっていることなど）

場のつくり方

実は…

① 腹を割って話をするために、社内の会議室などではなく、非日常的な空間で時間を気にせず話せる場所を選びましょう。

② テーブルなどは間に置かず、車座になって座るようにします。

リーダーと部下の距離感を縮める

こんな時に使える！

　新任管理職を素早くチームに溶け込ませたい時や、既存の組織でリーダーと部下の関係を改善したい時に、このツールが力を発揮します。

この道具の使い方

[所要時間] 半日 [人数] 5〜50人 [事前準備] 全員が入れる部屋、模造紙、付箋、マーカー

1. ファシリテーターは、リーダーがこの道具に納得し、自己開示することに躊躇しないことを確認する
2. 右ページの進め方に従って進める
3. 終了後も余韻があるので、そこから飲み会につなぐと効果的

使用例

　売上が伸びずに店長交代。新任店長は、店員との関係性をつくり目標を浸透させたいと考えて、ある日の午後から店を閉めてリーダーズインテグレーションを実行した。パートを中心とした店員たちだったが、この新しい店長のオープンで率直なところに感動。これまでの店舗運営の問題点がドンドン出てきた。さらにつっこむと、賞味期限を偽装している事実までが…。

さらに使いこなすためのヒント

- ●ここで出てきた案件の中から、リーダーとメンバーの間で何か約束をして（例：ほめる時はみんなの前で、叱る時は個別に密かに）、翌年チェックすることを決めると効果的です。
- ●セクハラ、パワハラなどいろいろな悪事が暴露されるので、定期的に行うとコンプライアンス対策にも役立ちます。
- ●リーダーには、自分のリーダーシップを高めるために、毎年このセッションを続けることをお勧めします。
- ●ファシリテーターは、チームから出た「リーダーに知っておいてほしいこと」などについて、なぜそれを知っておいてほしいのか、背景などを聞いておくと、後でリーダーに説明する時に役立ちます。

●リーダーズインテグレーション

リーダーズインテグレーションの進め方

1　チーム全員が集まる。ファシリテーターのリードでリーダーは自己紹介し、自分の抱負、今年の目標などを語る

目安となる時間
15 分

リーダーのみ退場

2　**ファシリテーターは以下の質問をしていく**

リーダーについて知っていることを挙げる　　**20 分**

リーダーについて知りたいことを挙げる　　**30 分**

リーダーに知ってほしいことも挙げる　　**15 分**

今年の目標を達成するために、
みんなにできることを挙げる　　**30 分**

全員退室、入れ替わってリーダー入室

3　ファシリテーターが議論の内容をリーダーに説明　　**20 分**

全員入室

4　リーダーが壁に貼られている質問やコメントに答える　　**60 分**

（飲み会）

注：目標達成のためのアクションプランについては持ち越して議論するとよい

チームの特徴を見える化して成果をあげる

こんな時に使える！

　　チーム力をアップしたい時、自分たちの特徴を4つの軸で分析しながら、チームワークを考えるのに使います。

この道具の使い方

[所要時間] 25分 [人数] 4人以上 [事前準備] 模造紙、水性ペン（黒と赤）、人間関係コンパスのワークシート

1. 4つの軸（右図）でチームの現状を評価し、軸上に○印を付ける（個人ワーク5分）
2. 4人1組になり、それぞれの評価について話しあう（5分）
3. 4人で特定した人間関係コンパスのパターンを見ながら、どんなチームかを一言にまとめ、模造紙に書き出す（5分）
   例：高い個性（S）＋高い協調性（T）＋高い行動力（A）＋低い意義共有（R）＝空回り
4. グループで、注意が必要な属性を補強するのに「それで？」(P.064) や「15%ソリューション」(P.092) を使い、次のアクションを決める（5分）
5. 全体でアクションを共有し、いますぐに取り組むことを合意する（5分）

使用例

　　新戦略に沿って大規模な組織改革が行われたが、ある部門では期待した成果がなかなか出せないでいた。このツールを使ってチームの特徴について話しあったところ、個性（S）と行動力（A）が高く、協調性（T）と意義共有（R）が低いことがわかった。これを見て組織改革の目的をもっと浸透させる必要があると考えたマネージャーは、成功事例などを使って新戦略の意図を具体的に伝えなおし、チームで話しあうことにした。

さらに使いこなすためのヒント

● グループで4つの属性の位置づけを決める時は、「正しい・間違っている」の判断を避けましょう。意見がまとまらない場合には、○を付ける代わりに、幅のある楕円形にするといいでしょう。

● 人間関係コンパス

人間関係コンパス（STAR）のワークシート

個性
Separateness

高い

一緒に働く
意義の共有
Reason

高い

低い
S
R　T
A
低い

協調性
Tuning

高い

高い

行動力
Action

4つの軸を評価する問いかけ

個性	私たちは個性豊かで、多様な視点を持ったチームですか？
協調性	私たちは、協調するためにお互い素直に話し、耳を傾けていますか？
行動力	私たちは、チームでしっかり行動できていますか？
一緒に働く意義の共有	私たちの目的は明確ですか？ 一緒に働く意義はしっかり共有されていますか？

共感をつくる技術

　組織を変えていく上で、共感はとても重要です。ということで、このコラムでは「共感のつくり方」について考えてみたいと思います。

　まず、下のイラストを見てください。この人にみなさんは共感を覚えるでしょうか？

●図表7：この人に共感を覚えますか？

　即座にNoですよね。

　では、この人を30秒間、黙って観察してみてください。

　どんなことがわかったでしょうか？　ずんぐりむっくりのメタボ体型。背はかなり低そう。眼が小さくほっぺが赤い丸顔で、ちょっとご当地キャラ風。両手をポケットに入れ、サングラスで怖そうにして黒服でごまかしているけど、意外と弱いかも…、といった感じでしょうか？

　では次に、同じく30秒間、この人の生活について想像力を働かせてみてください。独り者？　何歳ぐらい？　稼ぎはどれくらいかな？　ひょっとして子

どもの養育費を稼ぐのに苦労していて、今朝も奥さんに尻を叩かれて家を出てきた？ 組ではなんて呼ばれてるんだろう？ 小中学校の時は意外といじめられっ子だった？ それでこの道（?）に入った…、いや、ひょっとしてまともなセールスマン？

　どうでしょう？ 観察し、想像力を働かせてみた後、印象は変わっていませんか？ 少しはこの嫌な感じの人への共感が高まりませんか？ 共感とまではいかなくても、少しは親近感が増したのではないでしょうか？

　人や動物には頻繁に見るものに対して親近感を覚える習性があって、心理学ではそれを「単純接触効果」と呼んでいます。同じようなことが、この観察・想像ということによっても起こります。ワークショップを通じてチームの課題を真剣に話しあってみると、それだけでチームに対する親近感は高まり、少し工夫すると共感を生むことができるのです。

　みなさんに苦手な人がいたら、この「観察・想像」というテクニックを使ってみてください。きっと、それまでとは違う感じで受け止められるようになります。これを仕事に応用すると、それが序章で解説したORAH（オラー）ですが、仕事への共感が高まり、生きがいにつながります。

FACILITATOR'S TOOL BOX

第 3 章

アイデアを出して、選ぶ

グループの大きさを問わず
即座に全員を巻き込む

こんな時に使える！

　　部署のミーティングで、いつも同じ人ばかりが発言したり、発言しない人がいたりする時に、その場にいる全員が均等に話し、聞くことができるツールです。

この道具の使い方

[所要時間] 12分 [人数] 8人以上 [事前準備] 付箋、水性ペン、ベル

1. ファシリテーターの問いかけに対し、1人で考えをまとめる（1分）
2. ペアでその考えを話しあい、お互いのアイデアを組み合わせて、ペアとしてのアイデアを1つ生み出す（2分）
3. 2つのペアを1組にして、4人でアイデアを共有・発展させ、また1つのアイデアを生み出す（4分）
4. 最後に4人グループのアイデアを全体で共有する（5分程度）

使用例

　　ある企業での話。女性活躍推進キャンペーンのキックオフミーティングで約200名の女性スタッフが集められた。そこで男性幹部から、期待感や人事制度としての位置づけなどが長々とプレゼンされたが、会場は白けた雰囲気に。そこで「何か質問は？」と問いかける代わりに、この取り組みへの期待や不安を1-2-4-Allで話しあってもらい、それを全体で共有。思いを共有する機会を得た女性スタッフたちは会社の本気度を感じ、無事順調なスタートを切ることができた。

さらに使いこなすためのヒント

- ●具体的でシンプルな問いかけをしましょう。
- ●最初に1人で考えをまとめる時は、参加者全員にアイデアを書き留めてもらうとよいでしょう。
- ●会場全体でアイデアを共有する際は、すでに発表されたアイデアは繰り返さないようにしてもらいましょう。
- ●十分に深い話しあいができなかった場合は、グループのメンバーを入れ替えて、2ラウンド目を行うとよいでしょう。

場のつくり方

1人で考えをまとめる

私は…　え〜っと

2人で考えをまとめる

私は…　こうして　僕は…

4人で考えをまとめる

私たちは…　それで　僕たちは…

全員で共有する

私たちの
チームは…

① 椅子4脚を向かい合わせにして1つのグループをつくります。

② 最初は1人で、次は2人で、さらに4人で考えをまとめます。

③ 人数が4の倍数でない時は、ペアの代わりに3人で、
　あるいは3つのペアを1組にして話しあいます。

仕事上の悩みを
お互い気軽に相談する

こんな時に使える！

　仕事上の悩みを上司以外の誰かに相談したい時、仲間同士のロールプレイ で助けあうツールです。客観的に問題を捉える力も養われます。

この道具の使い方

[所要時間] 30分 [人数] 3人以上 [事前準備] メモ用紙、筆記具、ベル

1. 3人1組となり、各自の抱えている課題や不安を2人に相談できるように 整理する（1分）
2. 3人のうちの1人がクライアント（相談者）役となり、残り2人のコンサ ルタント役に相談したいことを話す（1〜2分）
3. コンサル2人は話を聞いた後、確認したいことを質問する（1〜2分）
4. コンサル2人は相談に対するアドバイスを話しあう（4〜5分）。明確な結 論が出なくてもよい。クライアントは背中越しに話を聞いてメモを取る
5. コンサル同士の打ち合わせが終わったら、クライアントは向き直り、ど のアドバイスが最も役立ったかを共有する（1〜2分）
6. 次の人にクライアント役を代わって2〜5を繰り返す

使用例

　新卒社員のメンターに選ばれた鈴木さんは、自分に務まるか不安を払しょ くできずにいた。そこで、同じ立場の2人とこのツールを使って話しあった ところ、共感できるアドバイスが多く、また、コンサルタント役になると自 分と同じような悩みを客観視することができ、落ち着くことができた。

さらに使いこなすためのヒント

- ●利害関係がない人の間で行うほうが、忖度のないアドバイスを交換しやす くなり、想定外の視点も得られます。
- ●「ワイズクラウド」(P.066) と似ていますが、参加者全員が立場を入れ替わる ので、参加者同士の信頼感を高めるのに役立ちます。
- ●対面よりオンラインのほうが使いやすいツールです。人数が多い時でも、 3人ごとのブレイクアウト（分科会）機能を利用すれば、簡単にできます。

●トロイカ・コンサルティング

場のつくり方

① 3人ごとのグループに分かれて、椅子を3脚向かい合わせに配置します。

② クライアント（相談者）役は、2人のコンサルタント役と相談したいことを確認後、椅子の向きを変えて2人に背中を向けます。

③ 大人数で行う場合は、隣の話が気にならない程度にグループの間隔をあけます。

それで？　So what? Now what?

結論が見えない話を
アクションにつなげる!

こんな時に使える!

適当な話でお茶を濁そうとしている時、いろいろ説明はあるが結論が見えない時、生煮えのままで考えを詰めていない時に有効です。考えを具体化し、アクションにつなぐのに役立ちます。

この道具の使い方

[所要時間] 場面に応じて使うので時間なしです。どんな場でも可 [人数] 1〜10人 [事前準備] ホワイトボード

1. 話の結論が見えない時、具体的でない時、「それで？」と問いかけて、相手の思考を促す
2. それでも十分に具体化しない時は、同じ問いを何度か繰り返してみる
3. 具体化したもの、アクション事項をホワイトボードに板書して確認する

使用例

既存製品の活性化を図る営業会議。購買層のデータからターゲット顧客のプロフィールや地域別の販売動向、新パッケージのアイデアなどいろいろ話しあわれた。しかし、あれこれ話しあうだけで、それ以上は話が進みそうにない。そこで少し冷めた表情で「それで？」と話の先を促し、最後に「それで、どうするのですか？」とアクションを促して具体化した。

さらに使いこなすためのヒント

● 「どうするのですか？」に対する反応がなければ、「もし、○○なら何ができますか？」と発想の妨げになっている前提条件を外す問いかけも効果的です。
● 3W (What、Who、When) シート(P.120) をホワイトボードやMicrosoft Excel上に用意しておくと、結論をまとめるのに便利です。
● 「それで？」と促されずにすむように、普段からPREP法 (結論→理由→事例→結論の順に話をする方法) を意識しておきましょう。

素早いサイクルで
仲間たちの知恵を得る

こんな時に使える！

短時間で多くの仲間から問題解決のヒントを得たい時に便利なツールです。

この道具の使い方

[所要時間] 1ラウンド15分 [人数] 4人以上 [事前準備] メモ用紙、筆記具、ベル

1. 数名1組で、1人がクライアント（相談者）役、残りがコンサルタント役になる
2. クライアントは、自分の相談ごとをコンサルタントに話す（2分）
3. コンサルタントはクライアントの相談内容を確認する（3分）
4. コンサルタントはクライアントに背中を向けてもらい、相談に対する答えやアドバイスを話しあう（結論づけなくてよい）（8分）
5. クライアントは、背中越しに聞こえる話に注意してメモを取る
6. コンサルタント同士の打ち合わせが終わったら向きあい、クライアントは何が最も役立ったかを共有する（2分）※第1ラウンド終了
7. 第2ラウンドを行う時は、クライアントは別のコンサルタントグループに行き（相談内容は同じでも違うものでも構わない）、コンサルタントは次のクライアントに対面して2〜6を行う

使用例

ソフトウェア開発チームに2人の新メンバーが配属された。そこで自己紹介の後にワイズクラウドを実施。7人の現メンバーが2つに分かれてコンサルタント役になり、新メンバーの不安についてまじめにおもしろく話しあった。その結果、新メンバーの不安は解消し、チームの一体感が高まった。

さらに使いこなすためのヒント

- 「トロイカ・コンサルティング」(P.062) と似ていますが、役割が固定されることで、クライアントは支援を受けることの、コンサルタントは支援することのスキルを短時間で高めるのに役立ちます。
- コンサルタントたちの話しあいを、「質問会議」(P.122) のように質問だけに限ると、より気づきが促されることがあります。

●**ワイズクラウド**

場のつくり方

① 各グループに全員が座れる数の椅子を用意します。

② クライアントは、コンサルタントたちと相談内容を確認後、椅子の向きを変えて
コンサルタントたちに背中を向けます。

③ コンサルタントたちが話しあっている時間は騒がしくなるので、グループの間隔
を大きくあけましょう。

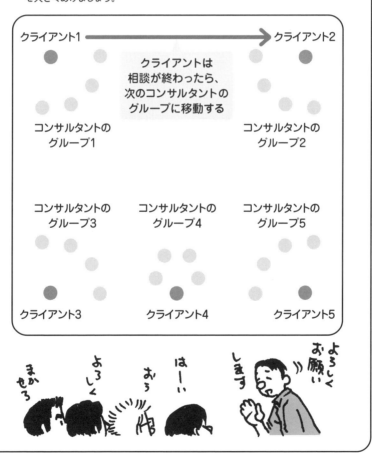

Attribution: Liberating Structure developed by Henri Lipmanowicz and Keith McCandless
(CC BY-NC-SA)

逆説的なチャレンジを言葉にし、アクションを見つける

こんな時に使える!

　　あれかこれかという二者択一的な考えに囚われて行き詰まっている時、ブレークスルーするための「ヤバい質問」をまず考えてもらうツールです。

この道具の使い方

[所要時間] 25分 [人数] 4人以上 [事前準備] 模造紙、付箋、水性ペン

1．「ヤバい質問」の考え方と質問例（右ページ）を説明する（5分）
2．最初は1人で、その後に4〜7人のグループで、一見対立しているように見えることを両立する「ヤバい質問」を作成する（5分）
3．同じグループで最もインパクトのある「ヤバい質問」を選ぶ（5分）
4．最後に全体で「ヤバい質問」を共有し、最もインパクトのある1つを選び、「ヤバい質問」をさらに洗練する（10分）

使用例

　　あるコンサルティング会社では、人材の専門教育に偏る一方、チーム間連携が疎かになってきたため、各チームのOJT担当を集めて「ヤバい質問」を作成。そこから「高い専門性を持ち、チームプレイヤーとしても仕事ができる人材を育成するには？」という質問が出てきた。自らこの質問をつくったことで、チーム横断型プロジェクトにも対応できる育成計画が策定され、超高度な専門性を求めるチームには新人を配属しないことも決まった。

さらに使いこなすためのヒント

● チームが思考停止しているようなら、矛盾する要求（と思われるもの）を縦軸・横軸にとって図解してみると効果的です（右図）。
● 素早く進めて多くのアイデアを出し、グループや全体での話しあいで最高の「ヤバい質問」に仕上げましょう。
● 「ヤバい質問」が出てきたら、解決策を考えてもらいましょう。「1-2-4-All」（P.060）や「15%ソリューション」（P.092）が役立ちます。
● 質問例を挙げる時には、これから話しあうトピックに直接関係しないものを選び、参加者の発想を縛らないようにしましょう。

●ヤバい質問

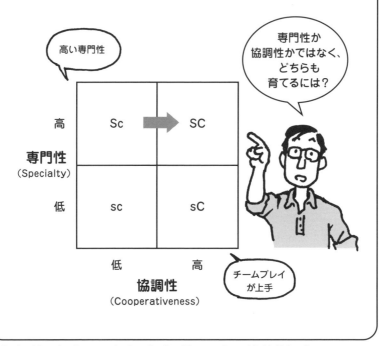

ヤバい質問例

● グローバル企業の指針「世界共通の原則を守りつつ、国ごとのローカルニーズに対応できるようになるには?」
● 新卒スタッフの育成「私たちOJT担当が新卒スタッフの成長のために支援しないことで支援するには?」
● 子育てのアドバイス「家族とのつながりを強く持ちながら、独立した1人の人間として育てるには?」

高い専門性

専門性か
協調性かではなく、
どちらも
育てるには?

高　Sc　→　SC

専門性
(Specialty)

低　sc　sC

低　　　高

協調性
(Cooperativeness)

チームプレイ
が上手

現場のアイデアを引き出して実行に結びつける

こんな時に使える!

　アイデアがなかなか実行に結びつかない時、「納得感のあるアイデア」を現場から引き出し、実行を促すのに役立ちます。

この道具の使い方

[所要時間] 30分 [人数] 十数人～200人 [事前準備] 模造紙、付箋、筆記具、ベル

1. 25/10クラウドソーシングの進め方(右ページ)をデモして見せる(5分)
2. ファシリテーターの合図(ベル)で、問題解決の大胆なアイデアを付箋の表に書いてもらう(5分)
3. ベルの合図で「付箋を交換して歩き回る」シャッフルを始め(20～30秒)、次のベルでシャッフルを終え、手元に残った付箋を読んでもらう
4. 5点満点でアイデアを採点して、裏面にスコアを記入してもらう(3分)
5. 3～4を5回繰り返し採点を終えたら、手に持っている付箋の裏の点数を足して(最高25点)、表面に書き込む(計15～17分)
6. 「25点満点のアイデアはありますか?」と尋ね、あったらその内容を読み上げてもらう。以下「24点は?」「23点は?」とカウントダウンし、トップ10のアイデアが出るまで繰り返す(10分)
7. トップ10の付箋を貼り出して参加者全員で眺める。スコアは厳密なものではないので、眺めながらさらに優先順位と実行について話しあう

使用例

　働き方改革で社員にアンケートを行ったところ、最も強い要望は残業削減ではなく、集中できる仕事環境が欲しいということだった。そこで200名ほどが参加する全社ミーティングで、このツールを使って社員のアイデアを募ったところ、支持の高かったアイデアについて自発的にプロジェクトが発足し、実現に向けて動き出した。

さらに使いこなすためのヒント

- ◉「シャッフル&採点」はわかりにくいので、デモをします。
- ◉自分のアイデアを通すために、付箋を交換せずに自分で25点を付ける人もいるので、必ずシャッフルしてもらうように注意しましょう。

●**25/10クラウドソーシング**

全体の流れ

① 事前に問題を示して解決策を考えてきてもらい、
会場ではアイスブレイクの後、個人ワークでその解決策を
付箋の表に書いてもらいます。

② 誰が書いたのかわからなくするために、参加者の間で付箋を
交換して歩き回ります（これをシャッフルと呼ぶ）。

③ ベルの合図でシャッフルをやめ、手元に残った付箋を読んで
解決策を5点満点で評価し裏面に書きます（採点）。

④ この「シャッフル＆採点」のプロセスを5回繰り返します。

⑤ 匿名で25点満点で評価し、得点の高い順に10のアイデアを
選ぶので、25/10という名前になっています。

N/5投票法　Vote with N/5

サクッと絞り込んで
先に進もう!

こんな時に使える!

　選択肢を絞らなければいけないのに、ダラダラと議論が続いて決まりそうにない時に有効です。出されたアイデアについて、みんなの意見を聞いてから投票するより、絞り込んでから話しあうほうが速いものです。

この道具の使い方

[所要時間] 40分 [人数] 3〜100人 [事前準備] 直径2cm程度の丸形カラーシール多数、ホワイトボード、付箋、筆記具

1. ブレストなどでたくさんのアイデアをホワイトボードに書き出す。付箋に各自が書いたアイデアを壁に貼り出してもらってもよい
2. アイデアの数をNとすると、その5分の1の丸シールを各参加者に配る（たとえば、50アイデアあれば、50÷5＝10枚）
3. 参加者に立ち上がってもらい、アイデアの中から目的達成に向けて自分がいいと思ったものにシールを貼ってもらう
4. シールの多いアイデアから議論する

使用例

　やめるべきムダな仕事をチームで話しあい、付箋1枚に1件ずつ書いて壁に貼り出したところ、100件ほど出てきた。これを絞り込むために5色の丸型カラーシールを20枚ずつ全員に配り、投票を行った。全員が立ち上がると、ワイワイと投票作業が始まり、たちまち「やめるべきムダな仕事」が15件に絞り込まれた。「この15件について、やめたら困るという意見を話してください」と訊くと誰からも反対意見がなく、即決された。

さらに使いこなすためのヒント

● 5で割るということは、各自5分の1に絞り込むということです。アイデアが多数ある時は7や10で割ってみましょう。
● カラーシールは、色によって得点を変えることもできます（赤3点、青2点、黄1点など）。この点差は等差数列にすることが原則です（074ページのコラム「うっかり敗者を選ばないためのボルダルール」参照）。

うっかり敗者を選ばないためのボルダルール

　選択肢が3つ以上ある時、うっかり単純に投票で絞り込むと、一番悪いアイデア（敗者）を選ぶことがあるのをご存じでしょうか？

　原因は票が割れることにあります。それを理解するために、選択肢がX、Y、Zの簡単なモデルを考えてみましょう。

　この選択肢に対して投票者が21人いて1人1票持っているとします。各投票者はX、Y、Zの優位性について表Aのように考えていたと仮定します。表からは、Xが1位、Yが2位、Zが3位と考えている人が4人。同じくXが1位だが、YとZの順位は違うという人も4人いて、Xが1位という人は8人。しかしXは1位ではないと考えている人が7と6で計13人いることがわかります。

　このまま単純に投票するとXが8票とって選ばれますが、仮にZがなくて、XとYの2つで投票すると、8：13でXは負け（表B）、XとZの2つで投票すると同じく8：13でXは負けます（表C）。つまりXが勝つのは、YとZで票が割れた結果だとわかります。このXのように他のあらゆる選択肢とのペアでは負けてしまう選択肢のことを「ペア敗者」といいます。

　このような多数決の問題点を提起したのはフランス海軍の科学者ジャン・シャルル・ド・ボルダで、フランス革命が起こる20年近く前の1770年のことでした。多数決への意識が高まっていたのでしょう。

　ボルダは問題を指摘するだけでなく、ペア敗者を選ばないための集約法も提案しています。それは、選択肢が3つの場合、1位に3点、2位に2点、3位に1点というように重みをつけて、その総和で全体の順序を決める方法です。これで選ぶと表Dのように、Yが選ばれ、Xは最下位になります。しかし単に重みをつけるだけではダメで、重みは1位から順に3、2、1のように等差で刻まないと敗者を選ぶ可能性があることを、ボルダは数学的に証明しています。このような選び方は「ボルダルール」と呼ばれ、選挙などに利用している国や地域があります。

●図表8：多数決の代替案「ボルダルール」

［表A］X、Y、Zから選ぶ時

投票パターンごとの人数	4人	4人	7人	6人
1位	X	X	Y	Z
2位	Y	Z	Z	Y
3位	Z	Y	X	X

Xが選ばれる（X=8、Y=7、Z=6）

［表B］Zがなかったら

投票パターンごとの人数	4人	4人	7人	6人
1位	X	X	Y	Y
2位	Y	Y	X	X

Xは選ばれない（X=8、Y=13）

［表C］Yがなかったら

投票パターンごとの人数	4人	4人	7人	6人
1位	X	X	Z	Z
2位	Z	Z	X	X

Xは選ばれない（X=8、Z=13）

［表D］ボルダルールで選んだ場合

	人数			獲得ポイント			
	1位	2位	3位	1位(×3)	2位(×2)	3位(×1)	計
X	8	0	13	24	0	13	37
Y	7	10	4	21	20	4	45
Z	6	11	4	18	22	4	44

ボルダルールで選ぶと、Xとは大差でYが選ばれる

参考資料：坂井豊貴著『多数決を疑う：社会的選択理論とは何か』岩波新書、2015をもとに作成

2軸でアイデアを
絞り込もう!

こんな時に使える!

　アイデアを募ったらたくさん出て困ってしまった。そんな時、判断基準を2軸で可視化し、アイデアをみんなで評価すると、簡単に絞り込めます。

この道具の使い方

[所要時間] 20分 [人数] 2〜20人 [事前準備] 模造紙、付箋、マーカー

1. 提案を評価する重要な軸を2軸選び、模造紙にそれを軸にしたマトリックスをつくる。その際、右上に優先順位の最も高いものがくるように軸を選ぶと直感的にわかりやすい (右図)
2. 付箋にアイデアを1枚1件で書き出し、付箋をみんなでマトリックスの中に貼りながら、位置づけを話しあう
3. 一番右上 (右図Aゾーン) から順次目標を達成するところまで選ぶ

使用例

1. プロジェクトを進める中で、問題解決策をメンバーで出しあった。効果があることはもちろんだが、実現までのスピードが重要であるため、効果の大きさとスピードを軸にアイデアを絞り込むことにした。
2. 営業経費の削減案を募集したところ、アイデアがいろいろ出た。そこで、選定のために費用対効果でマトリックスを作成し、提案者全員で話しあって優先順位をつけることにした。

さらに使いこなすためのヒント

- ●効果やコストの大きさを厳密にはじき出すのは時間が掛かります。あまり厳密に考えずに提案をサッとマトリックスの上に並べてみましょう。先に効果の大きさを話しあって上下に並べ、それから実行のしやすさで左右に振り分けるとやりやすいでしょう。ざっくりふるいにかけて、詳細な検討はその後で行うのがコツです。
- ●Aゾーンにアイデアがない時は、BかCから選ぶことになります。活力のあるチームには、少し難しいが効果の大きいBから、意気消沈しているチームにはCから選ぶように背中を押してあげましょう。

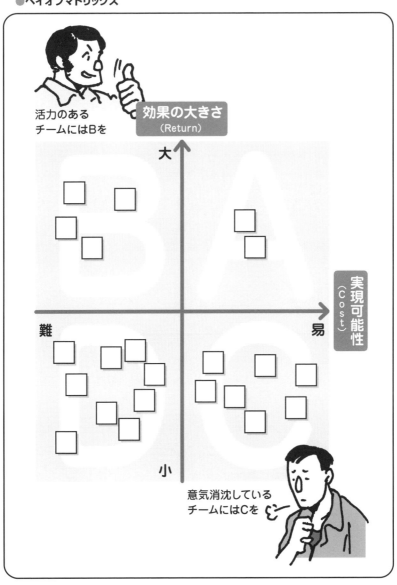

活力のある
チームにはBを

効果の大きさ
（Return）

大

難　　　　　　　　　　　　　　　易

実現可能性
（Cost）

小

意気消沈している
チームにはCを

長い退屈なプレゼンと
おさらばする

こんな時に使える！

1回15分のプレゼンでも6回も続くと、何を聞いたのかわからなくなってしまいます。そこにひと工夫加えて同時多発的プレゼンにすると、発表者と聞き手の距離をぐっと近づけるインタラクティブな会議に変わります。

この道具の使い方

[所要時間] 75分 [人数] 十数人〜200人 [事前準備] ベル、マイク、スピーカー

1. 会場に発表者分のブースを用意する（右図。この場合は6か所）
2. 発表者は12分（発表10分・質疑2分）のプレゼンテーションを準備し、同じブースで繰り返しプレゼンする
3. 聞き手は6グループに分かれて、6か所のブースを回って話を聞く
4. ファシリテーターは、開始時刻と終了時刻にベルなどで合図する
5. 発表者は同じ話を6回することになるが、聞き手の反応が違うので、意外と飽きず、合計時間はタテに続けるのと同じになる

使用例

M&A（合併と買収）巧者のN社は、買収後のシナジー効果を加速するために、6人の事業本部長による事業部紹介をこの方法で行った。集まった被買収企業の部長たちは、10人ぐらいのグループで6人の事業本部長1人ずつからひざ詰めのような形で話を聞いた。これによりN社の各事業に対する理解が深まり、セッションの後には具体的な連携について相談したいという企画が立ち上がっていた。

さらに使いこなすためのヒント

- ●発表者には、10分のプレゼンですべてを話そうとせず、その後の質疑のきっかけづくりだという認識でプレゼンしてもらいましょう。
- ●その後の関係性につながるように、プレゼン資料に連絡先を記しておいたり、名刺をブースに置いて自由に持ち帰ってもらえるようにしましょう。
- ●情報共有は、ノートPCの画面によるプレゼンテーションよりも、紙芝居や現物を用意して、ナラティブ（自分の身に起こったありのまま）な伝え方をすると印象的です。

●シフト&シェア

場のつくり方

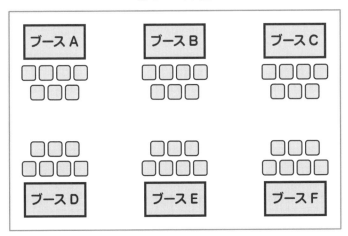

ブース A
ブース B
ブース C
ブース D
ブース E
ブース F

フロアレイアウトの例

① 参加人数とブース数に応じた広い会場、ブースの机と聴衆が座れる数の椅子を用意します（ブース数×6〜8名を最大参加人数として推奨）。

② 大規模な会議などで行う場合は、発表者を交代して複数セット実施するか、グループを設定せずにブースの数を増やして「オープン・スペース・テクノロジー（OST）」（P.110）と組み合わせることもできます。

部門間コミュニケーションを改善し、連携を強めよう!

こんな時に使える!

　部門間のコミュニケーションがギクシャクしている時、楽しく効率的な「依頼の仕方」「応え方」のスキルを学び、協働の精神を育むツールです。

この道具の使い方

[所要時間] 55〜70分 [人数] 制限なし [事前準備] 模造紙、A4用紙、筆記具、ベル

1. 大部屋に関係部門（3〜7部門）が集まるコーナーを設け、中央には各部門の代表者が交流するスペースを設ける（右図）
2. 2つの目的（右ページ）を確認し、進め方を説明する（5分）
3. 部門ごとに代表を1人決め、「1-2-4-All」(P.060) を使って、他部門に対する依頼事項のリストを作成。それを2つに絞り込んで、A4の依頼シートにできるだけわかりやすく簡潔に書く（5〜15分）
4. 各部門の代表は再び部屋の中央に集まり、追加説明や交渉をせずに依頼したい部門の代表にそのシートを手渡す（15分）
5. もらった依頼にはその場では応えずに、持ち帰って部門内で相談する。その回答を「了承」「拒否」「努力する」「意味不明」の4つのどれかから選んでシートに記す（5〜10分）
6. 代表は部屋の中央に集まり、回答を記入したシートを交換する。回答について追加説明をしてはいけない（10分）
7. ファシリテーターのリードで振り返る。特に「意味不明」とされた依頼を明確に伝える方法について話しあってもらう（15分）

使用例

　あるIT企業での話。顧客とのコミュニケーションのほとんどがプログラム開発のため客先に常駐しているプロジェクト・マネージャーに集中し、本来の業務に支障が出ていた。そこで関係部門が集まってこのツールを使って話しあったところ、依頼内容が明確になり、各部門の当事者意識まで高まった。

さらに使いこなすためのヒント

● 重要な2つにならなかった依頼についても話しあってみましょう。
● 部門間だけでなく、部門内のコミュニケーションの改善にも使えます。

●持ちつ持たれつ

2つの目的

- 他部門にわかりやすく具体的に依頼し、それに明確に応える表現力を磨くことを目的にしています。
- 実際の問題を扱うので、その解決に直結し、それを通じて、スキルだけでなく協力の精神を育むことを目的にしています。

場のつくり方

業務統括

開発

品質保証

営業

経理

意味不明

フロアレイアウトの例

① 図のように、机は各コーナーだけにし、全員が座れるよう椅子を配して話しあいます。
② 必要に応じてマイクとスピーカーを用意するとよいでしょう。

いままで気づかなかった成功者たちを探そう！

こんな時に使える！

これまでの解決策ではうまくいっていない問題に、思いもよらなかった解決策を見つけて対処するアプローチです。

この道具の使い方

[所要時間] 2〜24週間 [人数] 1チーム4〜8人（問題に直面している本人たち）[事前準備] 模造紙、付箋、水性ペン

1. プロジェクトの目的に照らして、チームでデータや現場での経験を整理し、「片隅の成功者たち」を絞り込む（右図）
   例：業界経験も浅く、条件の良くない地域を担当しているのに、ほどほどに良い成果をあげている営業スタッフはいないか？
2. 「片隅の成功者たち」へのインタビューや行動観察をもとに、特別なリソースなしに上手に問題解決しているやり方（PD行動）を特定する
3. 特定したPD行動を共有する場をつくり、普及する
4. 行動変容が起こり、問題が解決したことを見定める

使用例

トップ営業のやり方を広げようとしたところ、「業界経験が長いから」「条件の良い地域を担当しているから」などと反発されてうまくいかなかった。そこで2番手グループの中にいる、経験の浅い、残業時間も短い営業スタッフを特定して行動観察を行ったところ、業界ではタブーとされていたテキスト・チャットで顧客と接点を保っていることがわかった。それをワークショップで共有したところ、営業の底上げが進んだ。

さらに使いこなすためのヒント

- 「片隅の成功者たち」を特定するには、データを使い、その確度を高めます。
- 行動観察をする際には、素直な心で他の人たちとの違いを探します。
- PD行動を普及するのに、マニュアルや強制は逆効果になるので、ナッジ（それとなく注意を促す）効果[8]を活用しましょう。

---

*8 リチャード・セイラー、キャス・サンスティーン著、遠藤真美訳『実践 行動経済学：健康、富、幸福への聡明な選択』日経BP社、2009

●ポジティブデビアンス

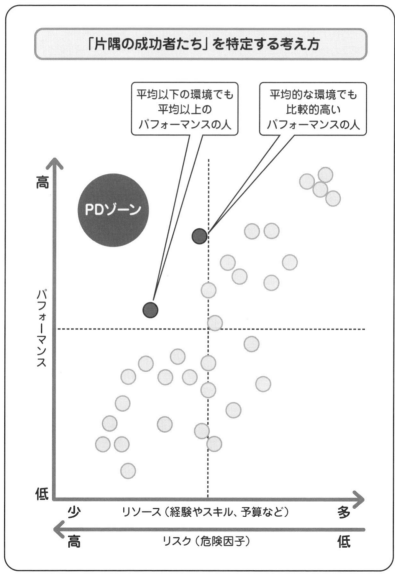

「片隅の成功者たち」を特定する考え方

平均以下の環境でも
平均以上の
パフォーマンスの人

平均的な環境でも
比較的高い
パフォーマンスの人

高

PDゾーン

パフォーマンス

低

少　リソース（経験やスキル、予算など）　多

高　リスク（危険因子）　低

参考資料：Richard Pascale, Jerry Sternin, Monique Sternin "*The Power of Positive Deviance: How Unlikely Innovators Solve the World's Toughest Problems*" Harvard Business Review Press, 2010

コラム

ポジティブデビアンス
──片隅の成功者たち Positive Deviance

1990年、ベトナムのハノイ。集団農場が民営化され、農民は小さな耕作地を手に入れました。しかし国営時代と違って政府からの手厚い支援はなくなり、加えて台風などの悪天候が続いたために、穀物生産は壊滅的な被害を受けてしまいました。その結果、ベトナムの5歳以下の子どもたちのおよそ65%が、深刻な栄養不良に苦しむ事態になりました。

その状況にNGOセーブ・ザ・チルドレン（SC）のアメリカ支部はベトナム政府に支援を申し入れます。しかし、ベトナム政府からの返答は「子どもたちの深刻な栄養不良を、6か月間で予算を使わずに改善せよ！」という過酷なものでした。しかしSCのリーダーだったスターニン夫妻は怯まず、子どもたちの月齢と体重、家庭の経済状況を1枚にまとめたグラフから、1つの問いを立てます。「とても貧しい家庭の子どもたちの中に、例外的に栄養状態の良い子はいないか？」。

この問いかけに、農村の人々はわずかながらそういった子どもがいることに気づきます。このような、ほかの人たちと同じ条件下で、特別なリソース（この場合はお金）もないのにうまく問題を解決している人たちのことを『片隅の成功者たち』と呼びます。そして、彼（彼女）らがどんなことをしているのかを観察したところ、次のようなことがわかったのです。

- 普通は捨てられているサツマイモのヘタや葉を食事に混ぜていた
- 珍味のように扱われていた、水田にいるカニやエビを拾い集めて、食事に混ぜていた
- 子どもが食事中に清潔でないものを触るたびに、何度も何度も手を拭いていた
- 普通は朝晩2回の食事を、同じ量で4〜5回に分けて与えていた
- 母親や父親が農作業に出ている時は、祖父母や年長の兄姉が食事を食べさせていた

これらは、普通の家庭では行われていないことでしたが、誰にでもできる解決策ばかりでした。こういった行動が「ポジティブデビアンス（Positive Deviance[*9]：略してPD＝良い逸脱）」と呼ばれます。スターニン夫妻率いるSCは、農村の人々が自分たちでこのPDに気づき、実践する場をつくりま

●図表9：PDな解決策を発見・普及するには？

5D's のステップと有用なツール

Step 1 Define「課題と行動の定義」
→OKR（P.108）、プロセスマッピング

Step 2 Determine「片隅の成功者の特定」
→アンケート、データ分析

Step 3 Discover「ポジティブな逸脱（PD行動）の発見」
→インタビュー＆シェア（P.130）、DAD（P.136）、行動観察

Step 4 Design「PD行動普及の計画」
→セレブインタビュー（P.132）、金魚鉢（P.134）、即興劇（P.142）

Step 5 Discern「PD行動とPD成果の評価」
→OKR（P.108）

す。そして要求通り6か月間で栄養状態は飛躍的に改善し、さらにこの活動をベトナム全土に広げて、7年間で5万人もの子どもたちを深刻な栄養不良から救ったとされています。

　このPDの発想やアプローチは社会課題解決の場だけで使うものでなく、みなさんの職場の問題を解決する方法にもなります。本書でも、その概要やPDな解決策を発見し、普及するための話しあいのツールを紹介しています。

※より詳しい情報や本書で紹介しきれなかった適用事例などはこちらから
「ポジティブデビアンス」のFacebookページ
https://www.facebook.com/PositiveDevianceJapan/

---

*9 Richard Pascale, Jerry Sternin, Monique Sternin *The Power of Positive Deviance: How Unlikely Innovators Solve the World's Toughest Problems* Harvard Business Review Press, 2010

手を動かしながら
アイデアを生み出す!

こんな時に使える!

　議論ばかりで具体的なアイデアが出ない時、ユーザーの問題を正しく理解することから始めて、手を動かしながら、みんなでシステマチックに試行錯誤を繰り返すデザイン思考が問題解決のスピードを上げてくれます。

この道具の使い方

[所要時間] 1〜8週間 [人数] 1チーム4〜8人 [事前準備] 参加者の多様性確保、チャレンジしやすい環境、試作するための材料・道具

1. チームでプロジェクトの目的を確認し、テーマ設定をする
2. 共感するまで、テーマについてユーザーインタビューなどを通じて問題のありかを探す
3. 共感したことを整理して、解くべき問題を定義する
4. 問題の解決策をみんなで繰り返しブレストし、優先順位をつける
5. 優先順位の高いアイデアから順に試作品をつくり、ユーザーに体験してもらって試作品を選別・改善して最終品へと向かう

使用例

　職場の同僚と一緒に、このツールを使ってワークライフバランスのいい職場をつくることにした吉田さんは、まず同僚たちにニーズインタビューをして問題定義に取り組んだ。その結果、「成果を出す9〜5時に縛られない働き方」を実現するアイデアをブレストすることになった。

さらに使いこなすためのヒント

- インタビューでは、質問リストを見ながら機械的にインタビューするのではなく、傾聴のスキルを活かし、相手への敬意を持って「その点についてもっと教えてください」などと熱意を込めて質問しましょう。
- ブレーンストーミングでは、「5分で出せるだけのアイデアを出す」のように短く時間を切って行い、時間をあけて繰り返しましょう。
- デザイン思考で使うツールを自作してみましょう。右ページには、「共感マップ」というツールを例として掲げておきます。

●デザイン思考

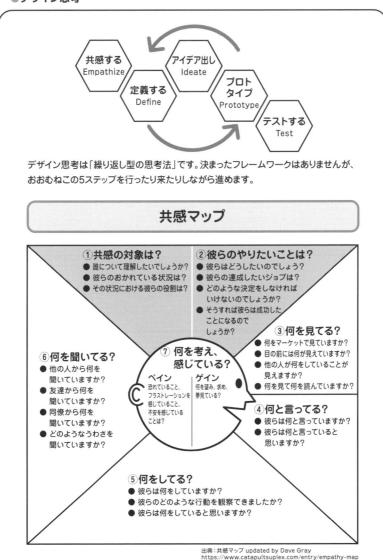

デザイン思考は「繰り返し型の思考法」です。決まったフレームワークはありませんが、おおむねこの5ステップを行ったり来たりしながら進めます。

共感マップ

①共感の対象は?
● 誰について理解したいでしょうか?
● 彼らのおかれている状況は?
● その状況における彼らの役割は?

②彼らのやりたいことは?
● 彼らはどうしたいのでしょう?
● 彼らの達成したいジョブは?
● どのような決定をしなければいけないのでしょうか?
● そうすれば彼らは成功したことになるのでしょうか?

③何を見てる?
● 何をマーケットで見ていますか?
● 目の前には何が見えていますか?
● 他の人が何をしていることが見えますか?
● 何を見て何を読んでいますか?

⑥何を聞いてる?
● 他の人から何を聞いていますか?
● 友達から何を聞いていますか?
● 同僚から何を聞いていますか?
● どのようなうわさを聞いていますか?

⑦何を考え、感じている?
ペイン
恐れていること、フラストレーションを感じていること、不安を感じていることは?

ゲイン
何を望み、求め、夢見ている?

④何と言ってる?
● 彼らは何と言っていますか?
● 彼らは何と言っていると思いますか?

⑤何をしてる?
● 彼らは何をしていますか?
● 彼らのどのような行動を観察できましたか?
● 彼らは何をしていると思いますか?

出典:共感マップ updated by Dave Gray
https://www.catapultsuplex.com/entry/empathy-map

参考資料:ジャスパー・ウ著、見崎大悟監修『実践 スタンフォード式デザイン思考:世界一クリエイティブな問題解決』インプレス、2019

第 **4** 章

目的を共有し、
コミットメントを高める

目的⇄手段の木を描いて
コミットメントを高めよう!

こんな時に使える!

目的と手段はよく混乱します。時間の経過とともに、目的を見失い手段が目的化することも少なくありません。この道具はそういう問題を解消して目的意識を共有し、集中力を高めるのに役立ちます。

この道具の使い方

[所要時間] 50分 [人数] 2～10人 [事前準備] 付箋、ホワイトボード、筆記具

1. いまの活動の目的と感じているものを、1つ付箋に書いてホワイトボードに貼り出す(個人ワーク10分)

2. 貼り出された「目的」が一致していなければ、話しあって1つに絞り込み、ホワイトボードの左端に貼る。その右側にツリー状に他の付箋(左側の目的を達成するための手段)を整理していく(15分)

3. 話の中で他の手段が出ればツリーに加え、目的と手段の関係に矛盾はないか、モレ・ダブりがないか見直し、ツリーを完成させる(15分)

4. 数値目標を設定できるところには記入し、担当責任者を募り、締め切り日を聞いて書き込む。「3W」(P.120)を参照(10分)

使用例

内部監査チームが、この道具を使って営業の責任者数名とコンプライアンスについての活動を整理したところ、目的が「売上目標達成」か「コンプライアンス遵守」かで議論になった。結局、ドーピング違反では金メダルもはく奪されるという話から「コンプライアンスを遵守しながら売上目標達成」がゴールとなった。営業活動への支障を軽減するために顧客訪問時の諸手続きや細かいルールは簡素化する一方、違反した場合の厳罰化が合意された。

さらに使いこなすためのヒント

◉目的が合意されない時は「誰のため?」「何のため?」と問いかけます。

◉目的と手段は時間経過とともに変わることがあるので、2～3か月に一度、ツリーを見直すミーティングを持つと効果的です。

◉日常の行動が目標達成につながっているか、時々振り返ってみましょう。

●**目的・手段ツリー**

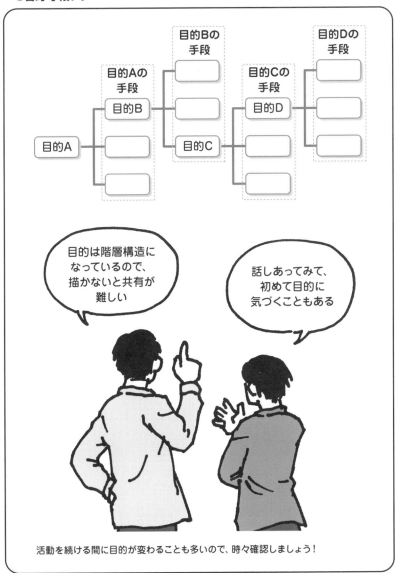

活動を続ける間に目的が変わることも多いので、時々確認しましょう！

小さなアクションから
取り組みに勢いをつける

こんな時に使える!

　　総論ばかりで何も動きそうにない時、グッと勢いをつけたい時に、すぐに
アクションにつながる動きを促すツールです。

この道具の使い方

[所要時間] 30～40分 [人数] 4人以上 [事前準備] 付箋、水性ペン、ベル

1. ミーティングの最後に「自分の裁量で使える時間や予算、人脈の15%で、
   できることがないか考えて書き出してみてください」と問いかける
2. 各自でその答え（15%ソリューション）を書き出す（5分）
3. 2～4人でグループになってリストの内容を発表しあう（3分/人）
4. 同じグループで、1人の15%ソリューションに対して他のメンバーが質
   問したり、アドバイスしたりする（5分/人）

使用例

　　四半期に一度、プロジェクト・マネージャーを集めた成功事例の共有会を
開催していたが、毎回「コミュニケーションとコラボレーションを改善しよ
う!」と締めくくるだけで終わっていた。そこである共有会の最後に、「今日
聞いた話をヒントに、自分の裁量で使える時間の15%ですぐにできること
はないか、気づいたことを書き出してみてください」と問いかけたところ、
これがきっかけとなって、いろいろなアイデアの交流が始まった。

さらに使いこなすためのヒント

- ●ミーティング後には15%ソリューションを訊く習慣をつけましょう。
- ●「15%ソリューションで最近何かしたことはありませんか?」と時々訊く
  ようにすると習慣化に役立ちます。
- ●ソリューションを訊くだけでなく、15%ソリューションが積み重なって
  起こった大きな変化の事例を話すと説得力が増します。
- ●すでに確立され広く使われているアイデア（車輪の再発明）でも、それをま
  だ知らない人たちにとっては有益かもしれないので、歓迎しましょう。
- ●わずかな時間でできることなら、どんなアイデアでも歓迎しましょう。

●**15%ソリューション**

Attribution: Liberating Structure developed by Henri Lipmanowicz and Keith McCandless
(CC BY-NC-SA)

対話でやると
「なぜ?」が深まる

こんな時に使える!

　チームの足並みが揃っていない時に、ミーティングの冒頭などでトピックの重要性を再認識してもらうのに役立ちます。

この道具の使い方

[所要時間] 25分 [人数] 8人以上 [事前準備] 付箋、水性ペン、ベル

1. 進め方を説明し、ペアになって聞き手と話し手の役割を決める (5分)
2. 聞き手からの「あなたは〇〇についてどう取り組んでいますか?」の問いでスタートし、話し手はそれに答える
3. 聞き手は「なぜ、それが重要なのですか?」という質問だけをして、話し手が根源的な目的に到達するまで問い続ける (5分)
4. ペアの役割を入れ替えて、同じように繰り返す (5分)
5. 2つのペアで1組になり、4人で気づきを共有する (5分)
6. ファシリテーターから「私たちの目的は?　それは私たちの次のステップにどんな影響を与えますか?」と問いかけ、全体で話しあう (5分)

使用例

　在宅勤務制度を検討してきたプロジェクト・チームは、制度を全社展開するにあたり、その目的や位置づけをどう説明するのかで議論が紛糾していた。そこでこのツールを使って当初の目的に立ち返ってみたところ、「状況に応じて、会社でも自宅でも働く場所をスタッフ自身が選択できる」という共通の目的と「多様なライフスタイルに応える」「子育てに活用する」といった個人の目的を改めて整理することができ、意欲が高まった。

さらに使いこなすためのヒント

- ●失敗に対して「なぜ?なぜ?なぜ?」と畳みかけると建設的になりません。逆にうまくいっているケースを取り上げてみましょう。
- ●責められていると感じさせないように、柔らかい言い方や、冗談を交えて話しあってもらいましょう。
- ●話しあった目的を一文にまとめる際に困った時は、「私たちは、〇〇のために存在する」という定型文をイメージするとよいでしょう。

● 9回のなぜ対話

場のつくり方

ペアになり、聞き手は「なぜ?」の質問だけをする

なぜ、それが
重要なのですか?

終了後、
ペアの役割を
入れ替える

2つのペアで1組になり、気づきを共有する

どんなことに
気がつき
ましたか?

大きな変化に対する
気持ちを整える

こんな時に使える！

　M&Aや大きな組織変更のような衝撃的な出来事があった時、混乱している時に、他の人たちの言葉に耳を傾け、気持ちを整えるツールです。

この道具の使い方

[所要時間] 40〜65分 [人数] 4人以上 [事前準備] トークボール

1. 進め方と「6つのお約束」（右図）を今日のトピックと一緒に説明する（5分）
2. 4〜7名のグループに分かれて輪になって座り、各グループ内のホスト役を決める。ホストの役割は、「6つのお約束」を守らない人に優しく注意すること（例：話が止まらない人）
3. ラウンド1：トークボールを持って順番に、トピックについて自分の考えや感じていることを話す（1分以内/人。パスすることもできる）
4. ラウンド2：トークボールを持って順番に、みんなの声を聞いて考えたことや感じたことを話す（1分以内/人。パスすることもできる）
5. ラウンド3：トークボールに縛られず、自由に会話する（20〜35分）
6. ラウンド4：トークボールを持って順番に、この対話で得たことを話す（5〜10分）

使用例

　ある営業部が解散し、別の営業部に再編成されることになった。しかし、誰がどこに配置されるかは未発表で、スタッフは仕事が手につかない。そこで、このツールを使っていまの気持ちを話しあったところ、担当顧客はそれほど変わらないことに気づき、最後のラウンドでは「いまの仕事に集中しよう」「これまで通りの顧客対応をしよう」という話になっていった。

さらに使いこなすためのヒント

●ファシリテーターが話をまとめる必要はありません。
●オンライン会議で実施する場合は、トークボールが使いにくいので、挙手した人をホストが指名すればいいでしょう。また、チャット機能やホワイトボード機能は話のポイントを記録するのに便利です。

●カンバセーション・カフェ

場のつくり方

グループごとに輪になって座り、トークボールを持った人が順番に話します。

カンバセーション・カフェの6つのお約束

① ほかの人の話を素直な心で聞く
② 結論を急がずに受けとめる
③ 話の前提や背景に関心を持ち、新しい気づきを探す
④ 説得するよりも、理解を求める
⑤ 本心と個人的な体験を話す
⑥ 長い前置きなしに、核心から入る

雰囲気が悪いチームの
もやもやを解消する

こんな時に使える!

　なんとなくチームの雰囲気が悪いなぁ、気になることがありそうだけど我慢していそうだなぁと感じる時、そんな心のもやもやを解消します。

この道具の使い方

[所要時間] 75〜120分 [人数] 4〜8名 [事前準備] ホワイトボード、付箋（75×75mm）、サインペン

1. 柔らかい雰囲気づくりを意識してチェックインを行う（10分）
2. 個人ワークで、もやもやを付箋に書き出す（10分）
3. 付箋を1人ずつホワイトボードに貼り出しながら共有する（3分/人）
4. 似たもやもやをグルーピングし、解消したい（優先度）順に上から並べ直す（10分）
5. 上から順にもやもやを選び、内容を深掘りする問いかけで対話を促す
6. ファシリテーターは重要なポイントを板書し、意見が出尽くしたところで、もやもや解決アクションに落とし込む（20分/テーマ）

使用例

　経営トップからのプレッシャーでメンバーが疲弊していると感じたリーダーは、ファシリテーターにもやもや会を依頼。最初は言いづらそうにしていたものの、1人が口を開くことで次々ともやもやが出てきた。特に「戦略が定まらず業務量が増えたため、優先度を決めてほしい」と全員が感じていた。これがきっかけで「業務を捨てる会議」を実施することが決まった。

さらに使いこなすためのヒント

- 個人ワークで書き出すもやもやは、仕事でも対人関係でも何でもよいです。事の大小にこだわらず、気になることはどんどん書き出してもらうよう促しましょう。このワーク自体がそれを解消する役割も果たしてくれます。
- もやもやを共有する時は、付箋に書いたことだけでなく、背景も含めて話してもらいましょう。全員の理解が深まります。
- もやもや解決アクションは、「3W」(P.120) などを使って、何を、誰が、いつまでにやるかを決めると効果があがります。

●もやもや会

① もやもやを付箋に書き出し、ホワイトボードに貼り出します。
② 似たもやもやをグルーピングし、解消したい順に並べ直します。

言葉にしにくいことも、
お絵描きなら引き出せる

こんな時に使える！

　　ロジックに疲れた時、気分を変えてより多くのアイデアを引き出したい時、お絵描きを楽しみながら対話を深めるツールです。絵心は無用です。

この道具の使い方

[所要時間] 45分 [人数] 4人以上 [事前準備] A4用紙、模造紙、マーカー

1. お絵描きに使う5つのシンボル（右イラスト）の意味と進め方を説明し（5分）、シンボルを描く練習をする（5分）
2. トピックを伝え、個人ワークで5つのシンボルだけを使って第1草稿を描く（5分）。文字やその他の記号は使わないよう伝える
3. シンボルの大きさ、配置、色などを工夫した第2草稿を描く（5分）
4. 4〜7名のグループで絵（第2草稿）の意味を話しあう。この時、描いた本人は説明してはいけない（10分）
5. グループでその内容をまとめ、模造紙にみんなで描く（10分）
6. 全体で展覧会を開催する（5分）

使用例

　　ある環境NPOで温暖化対策の議論がなされていたが、理屈先行で膠着状態に陥っていた。そこで、各自が考える取り組みをシンボルで描いたところ、政府や企業への働きかけを描く人たちと、人々への働きかけを描く人たちに分かれた。ここで議論が紛糾するかと思われたが、「人」の胸に描かれた「渦巻き」、すなわち心の変化が必要という点で一致していることに気づき、適応課題の重要性を改めて共有する機会となった。

さらに使いこなすためのヒント

● みんなで描く過程をカメラやビデオで撮影すると、印象に残ります。
● 解釈を話しあうステップでは大いに盛り上がるので、使い方のステップにこだわらずにグループのダイナミックスに任せましょう。
● ロジックを超えた対話、絵を通じて感じることを重視するワークなので、ファシリテーターが話をまとめる必要はありません。

●みんなで描く

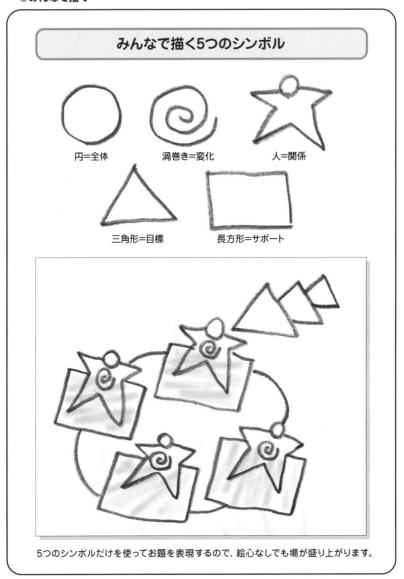

みんなで描く5つのシンボル

円=全体　　　渦巻き=変化　　　人=関係

三角形=目標　　　長方形=サポート

5つのシンボルだけを使ってお題を表現するので、絵心なしでも場が盛り上がります。

クレドの解釈を揃え、自分ごと化する

こんな時に使える！

　チームが大切にしている価値観や行動指針の解釈を揃え、自分ごと化してチームの一体感を高めるためのツールです。お飾りになっているクレドやバリューの実践に効果的です。

この道具の使い方

[所要時間] 90〜120分 [人数] 4〜8人 [事前準備] 付箋、ホワイトボード、筆記具

1. 同じ職種やプロジェクトなど、一緒に仕事をしているメンバーで集まる
2. 「エピソードを引き出す問い」（右図）を参考に、クレドやバリューを体現したエピソードを個人ワークで付箋に書き出す（10分）
3. 1人ずつ順番に、付箋をホワイトボードに貼り出す（3分/人）
4. 各エピソードの話しあいを通じて、クレドやバリューについてのメンバーの解釈を揃える（60〜75分）
5. 最後に、自分たちのチームで実践できるアクションを決め、メンバー全員で守っていくことを約束する（10分）

使用例

　価値行動指針の刷新後、全社にどう展開していくかで悩んでいた人事担当者は、チームごとに認識を揃えるクレドセッションを試みた。少し遠い存在に感じていた価値行動指針だが、過去のエピソードを振り返る中で、あの時は体現していたよねという話題で盛り上がった。最近入社したメンバーとも修羅場を乗り越えた経験を共有し、チームの一体感を高めることができた。

さらに使いこなすためのヒント

- ◉付箋を共有する際に、1人ひとりの捉え方にばらつきがあっても大丈夫です。対話を通じて解釈や基準を揃えるようにします。
- ◉他チームのエピソードも全員が見られる状態にしておくと、自分たちの実践のヒントになります。
- ◉最後のアクションは、日々の仕事に落とし込んで実践できる内容にします。難しく考えずに、すぐにできることから試してみるのがよいでしょう。

エピソードを引き出す問い

クレドやバリューの解釈を揃えるために、以下のような問いを通じて
メンバーの考えを引き出します。
● 過去にどんなエピソードがありましたか?
● 自分たちの仕事に落とし込んだ時にどうなりますか?

チーム内の解釈を揃えた例

	他責でとどまらない自分	身の丈を超える挑戦をし続ける自分
	共通している点は「覚悟」	
営業チーム	●「できない」ではなく「できる方法」を考えている ● 取り組めない理由を時間や環境のせいにせず、取り組む努力をしている	● これまでやったことのない領域の仕事に対しても、挑戦することを恐れない ● チーム全体で体制変更を選択したこと
カスタマーサポートチーム	● 人任せではなく自分たちで改善しようとする ● 常に周りに目を向け、困っているメンバーのサポートに入る ● 自分の領域を自ら超えていく自分 ● 失敗や壁にぶつかっても、原因を追求し、改善を繰り返していく自分	● 自分の限界を超えた新しいスキル習得を目標としている ● これまでに経験したことがない仕事にも積極的に取り組もうとする自分 ● 自分で目標を設定し、わからない・できないとあきらめず、もがきながらも目標達成をする自分

チームごとに状況は異なるため、他チームとの違いがあっても問題ありません。
チーム内で解釈が揃い、どのような水準を求めるかが共通認識になるまで
話しあいましょう。

目的を見失わないように
プロジェクトを設計しよう!

こんな時に使える!

　新たなプロジェクトを始める時に、チームが混乱しないように全体像を5つの要素で設計するためのツールです。

この道具の使い方

[所要時間] 150〜170分 [人数] 4〜20人 [事前準備] 模造紙、付箋、水性ペン、P2Pワークシート（A4サイズ）

1. 5つの要素と進め方を説明し、P2Pワークシートを配布（5分）
2. 「1-2-4-All」(P.060)「目的・手段ツリー」(P.090)「9回のなぜ対話」(P.094) などを使い、最初にプロジェクトの「目的」を考える（10分）
3. 4人1組になって、「目的」を文章化する（10分）
4. それを全体で話しあい、完成した「目的」を模造紙に書き出す（10分）
5. 「原則」「参加者」「構造」「実務」についても、2〜4を繰り返して完成させる。必要に応じて前の要素に戻って修正する
6. 5つの要素が揃ったら、参加者に全体を眺めてもらう
7. 次のアクションを話しあい、優先順位を付けて実行に移す（15分）
8. 定期的に設計を見直し、状況に応じて5つの要素を調整する

使用例

　社会課題解決の現場でのオンライン会議の必要性に気づいたあるNPOは、P2Pを使ってオンライン会議の普及イベントを設計。「目的」では自分たちの活動意義が再確認されたものの、参加者を募集したところ、想定外の教育関係者からの申し込みが多かったため、「構造」で決めたオンライン会議アプリの使い方ガイドを見直してイベントを開催した。実際に開いてみると、参加者は地域や職業を超えたつながりを求めていることがわかり、社会的なつながりをつくることを「目的」と「構造」に加えた。

さらに使いこなすためのヒント

●プロジェクトの進捗にしたがって確認や修正が必要になるので、最初から完璧な設計を目指すのではなく、時々振り返って完成度を高めましょう。

●プロジェクトのP2P

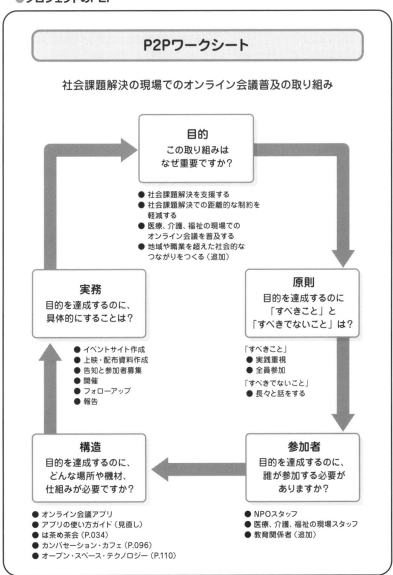

P2Pワークシート

社会課題解決の現場でのオンライン会議普及の取り組み

目的
この取り組みは
なぜ重要ですか?

● 社会課題解決を支援する
● 社会課題解決での距離的な制約を
　軽減する
● 医療、介護、福祉の現場での
　オンライン会議を普及する
● 地域や職業を超えた社会的な
　つながりをつくる（追加）

実務
目的を達成するのに、
具体的にすることは?

● イベントサイト作成
● 上映・配布資料作成
● 告知と参加者募集
● 開催
● フォローアップ
● 報告

原則
目的を達成するのに
「すべきこと」と
「すべきでないこと」は?

「すべきこと」
● 実践重視
● 全員参加
「すべきでないこと」
● 長々と話をする

構造
目的を達成するのに、
どんな場所や機材、
仕組みが必要ですか?

● オンライン会議アプリ
● アプリの使い方ガイド（見直し）
● は茶め茶会（P.034）
● カンバセーション・カフェ（P.096）
● オープン・スペース・テクノロジー（P.110）

参加者
目的を達成するのに、
誰が参加する必要が
ありますか?

● NPOスタッフ
● 医療、介護、福祉の現場スタッフ
● 教育関係者（追加）

シンプルなシナリオで、チームの協力を引き出す

こんな時に使える！

　メンバーが心配ごとばかり言って動かない時、不測の事態に備えておきたい時に、予想される未来を見える化し、目的意識を高めます。

この道具の使い方

[所要時間] 100分 [人数] 8〜20人 [事前準備] 模造紙、付箋、水性ペン

1. 課題を共有し、このツールを使った解決方法を説明する（5分）
2. 個人ワークで課題解決の成否を決める要因を付箋に書き、壁に貼り出す。付箋を整理し、投票などで最も重要な2つを選ぶ（20分）
   例：仕事への評価の高さ、コミュニケーションの良さなど
3. 2つの要因を2軸にとり、マトリックス（右図）を模造紙に描く（5分）
4. 全体を4グループに分け、マトリックスの4つの象限に割りあてる。各グループでは、2軸の特性からその象限のユニークな名前を考え、成功するための方策を3つ付箋に書き出す（30分）
5. それを全員で共有し、①他の象限でも通用するか、②（他では通用しなくても）壊滅的なリスクを回避できるか、という2つの基準で全方策を選別する（20分）
6. 再び4グループに分かれ、選ばれた方策の実施方法をまとめる（10分）
7. それを全体共有し、最初の一歩を踏み出す約束をする（10分）

使用例

　各事業部のバックオフィス機能を統合し、新組織に移行することになったが、そこでの仕事に対する不安も聞こえてきた。そこで、新組織のキックオフでこのツールを使って話しあったところ、右図のような名前が付けられ、アクションとして「仕事の優先順位づけは新組織のマネージャーが行う」などが挙げられた。移行直後には混乱もあったものの、事前に想定されたシナリオに対するアクションによって短期間に収束できた。

さらに使いこなすためのヒント

- 時間的制約がある時には、「最も良い象限」と「最も悪い象限」の2つのシナリオに絞ってやるといいでしょう。

●みんなの未来予想図

シナリオ・マトリックスの例

統合後の新しい組織の未来予想図

仕事への評価：高い

コミュニケーション：悪い

劇団ひとり	AKB48
ショムニ	学園祭アイドル

明らかにされた
未来予想図

コミュニケーション：良い

仕事への評価：低い

オモシロ名前を
思いついた！

各象限の名前は、その状態がイメージできる曲名や映画タイトルなどを付けて、
大いに楽しみましょう。

● AKB48　　　　　　チームの評価が高くコミュニケーションも良い
　　　　　　　　　　（売れているアイドルグループ）

● 劇団ひとり　　　　評価は高いがコミュニケーションが悪い
　　　　　　　　　　（ピン芸人）

● 学園祭アイドル　　評価は低いがコミュニケーションは良い

● ショムニ　　　　　部署の評価が低くコミュニケーションも悪い
　　　　　　　　　　（場末の部署を舞台にしたドラマの名前）

ワクワクするゴールを描き、高い目標にチャレンジする

こんな時に使える!

ワクワクするゴールをみんなでつくり、チームのモチベーションと一体感を高めて、難易度の高い目標にチャレンジするためのツールです。

この道具の使い方

[所要時間] 240分 [人数] 4〜8人 [事前準備] 付箋、ホワイトボード、筆記具

1. 事前に1年 (or四半期) 後のワクワクするゴールイメージ (Objectives) を考え、大きめの付箋に一文で書いてきてもらう
2. 各自で考えたゴールイメージの背景を説明してもらいながら、ホワイトボードに付箋を貼る (1分/人)
3. グルーピングした後、投票などによって3件に絞り込み (60分)、全員の合意を得ながら一文にまとめる (30分)
4. 個人ワークで、ゴール達成度を測るための成果指標 (Key Results) を付箋1枚に1つずつ書く。成果指標はゴールを測れることを意識し、できる限り多く書き出す (発散) (15分)。その後20分休憩
5. 書き出した成果指標を共有し、話しあって3つに絞る (収束) (60分)
6. 成果指標のストレッチ目標を定量的に設定する (30分)
7. ゴールと成果指標を振り返り、1人ずつ感想を共有する (1分/人)

使用例

あるIT企業では、高い目標に挑戦する風土づくりを目指してOKRを導入。「全社員が同じ方向を向き、イキイキした組織となる」をゴールに定め、成果指標に「全社員がバリューズを実践」「5つの職種横断プロジェクトの達成」を設定した。トップダウンの目標設定ではなく、自分たち自身でゴールと成果指標を決めたことで、アクションが次々に生まれていった。

さらに使いこなすためのヒント

- 心からワクワクするようなゴール設定が最重要ポイントです。ファシリテーターは参加者の心が動いているか注意して進めましょう。
- もし安易なKRが出てきたら、メンバー個人の評価基準にはしないことを強調し、「それでワクワクしますか?」とチームの背中を押しましょう。

OKR設定のチェックポイント

OKR全般
● 期限が設定されているか
● 他チームも含めてOKRを導入する場合は、上位部門のOKRと自チームのOKRが紐づいているか（具体的には上位KRの一部または全部が自チームのOに紐づいているか）。また、各チームのOKRが独立しているか、他チームの影響を受けないか

O（Objectives）
● 達成した状況をイメージした時にワクワクするか
● 具体的、客観的、かつ明確な言葉を使用しているか
● 到達点や状態を示す表現になっているか

KR（Key Results）
● 重要な結果指標を3つに絞っているか
● 「どうやってOを満たしたとわかるのか?」に応えているか
● 70％達成できれば成功といえる高い水準に設定されているか
● 成果は数値測定可能で、信頼性があり、簡単に測れるか

参考資料：●Google re:Work「OKRを設定する」https://rework.withgoogle.com/jp/guides/set-goals-with-okrs/ ●クリスティーナ・ウォドキー著、二木夢子訳、及川卓也解説『OKR：シリコンバレー式で大胆な目標を達成する方法』日経BP社、2018

参加者がトピックを選べば、当事者意識が高まる

こんな時に使える！

多くの人が関わって複雑な課題に取り組む時に、参加者の創造性やリーダーシップ、当事者意識を高めることができるツールです。

この道具の使い方

[所要時間] 90分〜3日 [人数] 10人以上 [事前準備] A4サイズのカード、ホワイトボード、筆記具

1. 全体のファシリテーターは、「二本足の法則」と「4原則」（右ページ）を含むオープン・スペース・テクノロジーの概念と仕組みを紹介する（5分）
2. 「トピック掲示板」の公開：提案者は、話したいトピックと話しあう場所と時間をA4サイズのカードに書いて貼り出す（15分）
3. トピックごとのグループに分かれた参加者は、ファシリテーターを決めて提案者のキックオフで話しあい、アクションを決める（30分 or 60分を1ラウンド）。その結果は全員に開示される
4. 「速攻！ネットワーキング」(P.036)「1-2-4-All」(P.060) などを使って、全体で振り返りを行い、クロージングする（10分）

使用例

期待の新商品について、営業の売上見込みが予算の60％程度と低迷していた。本部からいろいろ指示を出したが、なかなか現場は動かない。そこでOSTを使って営業スタッフ自らに課題を挙げてもらい、関心の高い人が集まって話しあったところ、課題解決が進み、予算を超える売上が達成された。

さらに使いこなすためのヒント

● 準備の目安としては、参加者が50人程度であれば、グループ用に8か所程度の場所を用意しておくと、柔軟に対応できます。
● 同じトピックについて、参加者を替えて複数ラウンドを行ったほうがいいこともあります。
● トピック提案者たちには、人を惹きつける魅力的なタイトルを付け、チャレンジのある問いかけをするように伝えましょう。
● 全体のファシリテーターは各トピックに対して何も言う必要はありません。

●オープン・スペース・テクノロジー

トピック掲示板

二本足の法則

「あなたが望むトピックに行って参加してください。ただし、参加している中で学んでいない、または貢献していないと気づいたら、二本の足を使って他のトピックに移動してください！」

OSTの4原則

① やって来た人は誰もが適切な人
② どんなことが起きても、それは起きて当然のこと
③ いつ始まっても、それは適切な時
④ 終わった時は、それで終わり

参考資料：Harrison Owen "Open Space Technology: A User's Guide" Berrett-Koehler Publishers, 1993

強みにこだわって
夢と希望を解き放とう!

こんな時に使える!

　　自分たちの強みを忘れ、問題解決に意識が集中しすぎて暗くなっている時に役立ちます。みんなで自分たちの潜在力を再発見し、明るい未来像を描き出すことでモチベーションを高め、前進する力が湧いてきます。

この道具の使い方

[所要時間] 1〜4日 [人数] 5人以上 [事前準備] ポジティブコアを引き出す質問、用紙、筆記具

1. ポジティブであることをグランドルールとする
2. 4Dサイクル(右図)の中心にある「潜在力活性化テーマ」をまず決める
3. そのテーマを中心に、広くインタビューやアンケートを通じて、チームの強みと過去の最高の活動体験を発見する(ポジティブコア)
4. そのポジティブコアをもとにチームの理想像を描いてもらう。感性に訴えるために、非言語的な表現もしてもらう(絵、造形、寸劇など)
5. その理想像を実現するためにやること(What)を話しあって決める
6. そのWhatを実現するための方法(How)、人(Who)、締め切り(When)などを話しあって自主的に決めてもらう。「3W」(P.120)を参照

使用例

　　品質トラブルを減らそうとしていた医療機器メーカー。従来の問題解決型ではなく、理想像追求型のAIを行ったところ、「家族が誇りに感じる会社」という「潜在力活性化テーマ」が出てきた。ポジティブコアとしては「最先端の技術力」「思いやり」などが出たので、これを具体的なアクションに落とし込む話しあいの中から、SDGs(持続可能な開発目標)を目指す提案がボトムアップで出てきた。

さらに使いこなすためのヒント

●自分たちの強みを発見する、ワクワクする夢を描く、そこへの道筋を具体的に計画する、という基本を守って、日頃の生活の中でもできることを考えてみましょう。個人や小さなチームでも使えます。

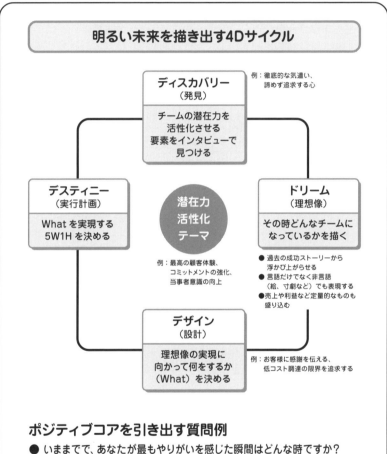

明るい未来を描き出す4Dサイクル

ディスカバリー（発見）
チームの潜在力を活性化させる要素をインタビューで見つける

例：徹底的な気遣い、諦めず追求する心

デスティニー（実行計画）
What を実現する5W1H を決める

潜在力活性化テーマ

例：最高の顧客体験、コミットメントの強化、当事者意識の向上

ドリーム（理想像）
その時どんなチームになっているかを描く

● 過去の成功ストーリーから浮かび上がらせる
● 言語だけでなく非言語（絵、寸劇など）でも表現する
● 売上や利益など定量的なものも盛り込む

デザイン（設計）
理想像の実現に向かって何をするか（What）を決める

例：お客様に感謝を伝える、低コスト調達の限界を追求する

ポジティブコアを引き出す質問例

● いままでで、あなたが最もやりがいを感じた瞬間はどんな時ですか？
● 自分の仕事、チーム（組織、会社）について、どんな長所がありますか？
　他人に話すのが恥ずかしいぐらい正直に教えてください。
● チームの潜在力が発揮されるためには、何があればいいと思いますか？
● あなたの理想の組織になった時のことを想像してください。
　（時間をとって想像するのを待つ）。いまと比べて、どんなことが
　増えていますか？　どんなことが減っていますか？

参考資料：デビッド・L・クーパーライダー、ダイアナ・ウィットニー著、本間正人監訳、市瀬博基訳『AI「最高の瞬間」を引きだす組織開発：未来志向の"問いかけ"が会社を救う』PHPエディターズグループ、2006

コラム

組織の成功を生み出すメカニズム

　MIT組織学習センターのダニエル・キム教授は「組織の成功循環モデル」を提唱しました。成果を出すためには個々の要素に注目するだけではなく、そのつながりが大切という理論です。「関係の質が良くなると、思考の質が向上し、行動と結果の質を高めることにつながる。良い結果の質を得ることで、さらに関係の質が高まり、成功に向けての力を強化する」と述べています。

　逆に、短期的に結果を求める活動にフォーカスしすぎると関係の質が悪化し、思考・行動の質へも影響を及ぼし、最終的には良くない結果になります。この理論の最も大事なポイントは、各要素の循環から成功（や失敗）が生み出されるということです。

　私（松田）も新任マネージャーの頃は、成果を出すのに必死でした。自分への自信がなく、上司からのプレッシャーに耐えられずにメンバーへの要求がきつくなることもありました。まさに失敗のメカニズムに嵌っていたのです。しかし、成功循環モデルに出合って「関係の質」を意識するように努めたところ、まずコミュニケーションが楽になりました。そしてチームに一体感が生まれ、結果につながるということを何度も経験してきました。

　この経験から「関係の質」について、2つのことをお伝えしたいと思います。1つは、関係性というのは人と人の間に存在するものだということです。一方だけが原因ということはありません。関係の質が悪いなと感じたら、自分にも原因があると考えて、できるだけ客観的に関係性を眺め、相手の思いを尊重しようと心がけるようにすることです。

　もう1つは、相手の思いを尊重するといっても、気に入られようとすることではない、ということ。真に良い関係性とは、ネガティブなことも含めて率直にフィードバックしても壊れない関係性ではないでしょうか。仲良しクラブになるのではなく、建設的にぶつかりあいながら高めあう関係性を目指してほしいと思います。

　これは言うのは簡単ですが、実践するのは大変です。私も悪戦苦闘しているのですが、そのことの大切さを思い出すために座右の銘にしている言葉があります。それは「心理的安全性はあるが単刀直入であること」。これはハーバード・ビジネス・スクールのゲイリー・P・ピサノ教授の言葉ですが、Googleなどの優れた成果をあげている企業を調査した結果、そういう関係性が構築され、チームワークで成果を出していると指摘しています。

●図表10：組織の成功循環モデル

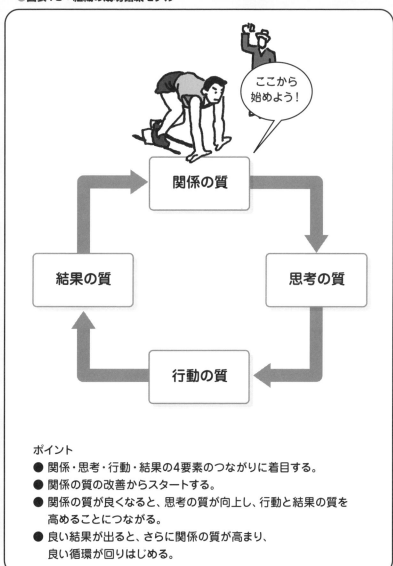

ポイント
● 関係・思考・行動・結果の4要素のつながりに着目する。
● 関係の質の改善からスタートする。
● 関係の質が良くなると、思考の質が向上し、行動と結果の質を
　高めることにつながる。
● 良い結果が出ると、さらに関係の質が高まり、
　良い循環が回りはじめる。

参考資料：
・https://thesystemsthinker.com/what-is-your-organizations-core-theory-of-success/
・"The Hard Truth About Innovation Cultures" HBR January-February 2019

ロジカルとナラティブ

　2016年秋、私（伊藤）はデンマークのコペンハーゲンにある難民センターで行われたワークショップに参加しました。地域紛争で故郷を失った若者たちが、その出生地であるシリアや北アフリカからどんな苦難の道のりを経てここに来たのか。そしていま、家族と離れ、言葉も通じず、教育も受けられず、仕事もできない状況にあって、この地で毎日生活を続けている。その心情を語ってくれました。

　それは、きれいに整理されたロジカルなプレゼンテーションからはほど遠いものでしたが、私たち参加者の心を強く揺さぶる力があり、参加者の多くが、「これは難民の若者だけの問題ではない、難民の若者たちと私たちの問題だ」と感じ、プレゼンの後のワークショップでは、行動につながる熱い議論が展開されました。

　終了後、このワークショップを企画した1人のファシリテーターと話をしたところ、満足げに「これが『ナラティブ』の力だ。この企画をして良かった」と振り返ってくれました。

　このワークショップより以前、私が前職でプロジェクト・マネージャーをしていた時のことです。会社のビジョンや方針を伝え、新しい仕事の進め方を示した上で、熱意を持って励ましていたつもりですが、メンバーはなかなか行動に移さずイライラするということが何度かありました。しかし振り返ってみると、その時の自分はロジカルに伝えることに気をとられて、何か重要なものを忘れていたような気がします。それを難民の若者たちの話の中に見つけることができました。

　ナラティブ。この定義は人によって違うようですが、単なる「語り」ではないように思います。ライフストーリー、つまり「自分の身に起こったありのままの具体的な経験談」であり、そこに人の感情に働きかける何かがあるものをそう呼ぶのではないでしょうか。

　この難民センターでの体験の後、私自身のコンサルティングの中でもナラティブを取り入れるようになり、行動が変容するのを目の当たりにするようになりました。

　たとえば、ハラスメント防止研修の場で、女性スタッフの体験談を聞いて、

「職場でのハラスメントを見て見ぬふりをするのをやめよう」と参加者が意識しはじめる。働き方改革を目指した議論の中で、働くお母さんが抱えている厳しい状況を聞き、助け合いが促進される、といったことです。制度的な問題解決が難しいものも、組織の中で抑圧されていた問題が共有されることで、行動変容が起こり問題が解決するのです。

　物事を整理し説明するために、ロジカルな思考力は不可欠です。これには訓練と実践の反復が必要です。しかしそこで止まらずに、心に響く何かを求めてほしいと思います。それがないと人は動かない。ナラティブには、そのヒントがあるように思います。

　特に、みなさんが組織の価値観や考え方を変えないと解決しない問題（適応課題）に直面した時、ナラティブをファシリテーションの道具として組み込むことで、チームが動き出すきっかけをつくれるのではないかと思います。

FACILITATOR'S TOOL BOX

第 5 章

行動を変える

アクションを確認して
会議を終えよう!

こんな時に使える!

　会議やミーティングで決まったことや、アクション事項を確認する時に使います。「会議は3Wで終わる」「会議のはじめには前回の3Wの確認から始める」というクセをつけるだけで、会議の質がグッと上がります。

この道具の使い方

[所要時間] 10分 [人数] 2人以上 [事前準備] ホワイトボード、筆記具

1. 3W（What、Who、When）をチェック項目とする表を書いて会議を始める（右図）
2. 会議中に3Wの表を埋めながら議事を進める
3. 会議開始時には、前回の3Wの確認から議事を始める

使用例

　毎週の定例会議。前回の3Wのレビューからスタートした伊藤さんは、締め切りが守れなかった人には、「では、いつまでにできますか?」と問いかけ、前回の締め切りを残したまま新しい締め切りを記録して次に進んだ。議論が紛糾した時には、「それは、こうするということでしょうか?」と板書してアクション（What）を確認し、「このアクションは誰が（Who）担当しますか?」「では山田さん、いつまで（When）にやりますか?」と参加者に3Wを促しながら会議を続けていった。

さらに使いこなすためのヒント

● 何度も締め切りが延ばされるようなら、アクション自体に問題があるかもしれません。単に締め切りを延ばすだけではなく、アクションをもっと実行可能なものにできないか見直してみましょう。

● 3Wは、みんなに見えるように書いていくことが重要です。関係者宛てのメールを開いて、そのページを映し出しながら書き出していくと、会議終了後ただちに関係者に発信でき、会議のスピードアップが図れます。

●3W

会議中や会議終了時に3W（何を、誰が、いつ）をチェックする習慣をつけると、
参加者の行動が変わります。

「チーム脳」に
スイッチを入れる

こんな時に使える!

　　協働する雰囲気がなく、チームメンバーのいろいろな経験を活かせていない。同じ失敗を繰り返しているような気がする。そういう時にチームの関係性や組織行動を変えるのに力を発揮します。

この道具の使い方

[所要時間] 20〜60分 [人数] 3〜7人 [事前準備] なし

1. 最初の1人が自分の抱えている問題を説明する (1〜3分/人)
2. 残りのメンバーは、それについて質問する。アドバイスをしたり、意見を言うことは禁止。問題提示者は質問に手短に答える (5〜6分/人)
3. ファシリテーターは、全員が問題の解決にコミットし、よい質問をするよう促す。例:「いまのチームの雰囲気はどうですか?」「視点を変える質問は出ていますか?」
4. 1人10〜15分程度で終え、次の人が自分の問題について話す。これを時間が許す限り繰り返す。まとめる必要はない
5. 慣れてくると短時間でも効果的なミーティングができるようになる。毎週金曜日の15時からなど、定期的に行うと効果的

使用例

　　経理事務をしているAさんは幼稚園児を抱え、ワークライフバランスで悩んでいた。その悩みを質問会議で話すと、「お子さんは1人?」「何歳?」「誰か面倒を見られる人は?」などと質問があり、その場はそれで終わったが、翌日には同僚からサポートの声が掛かるようになった。

さらに使いこなすためのヒント

● 時々「心に残る質問はありましたか?」と、問題を提示した人に訊くと、質問の質を高めるのに効果的です。
● 良い質問をするためには、相手の立場に立って考える必要があるので、定期的に繰り返すと関係性が改善され、同時に問題解決を助けようとする行動変化も生まれます。

●質問会議

1人で考える（自問自答）

カガミよカガミ

慣れた質問で、答えもマンネリになりがち。

チームで考える（チーム問チーム答）

質問…、質問…

質問しかできないという制約が
新しい発想を促します。

参考資料：清宮普美代著『チーム脳にスイッチを入れる！質問会議』PHP研究所、2008

行動のクセを変えれば
結果が変わる!

こんな時に使える!

　すぐできない理由や言い訳を考える、決めたことをなかなか実行しない…そうしたチームの悪いクセが失敗の原因になっていることは少なくありません。そんな時に効く道具です。

この道具の使い方

[所要時間] 30分 [人数] 5〜20人 [事前準備] 模造紙、付箋、マーカー

1. チームで話しあい、悪い行動や口癖を洗い出す
2. たくさん出てきた時は、最も悪いものを1つ選ぶ（例：「難しい」が口癖になっている）
3. そのクセを直すグランドルールを決める
4. グランドルールを守るプロジェクトを決めて、実行する。ルールを破ったら100円罰金などの軽い罰則を決めておくと効果的

使用例

　メンバーの間に「物事を斜めに見る」「皮肉を言う」「すぐ諦める」という悪いクセがあることがわかった新任の田中部長は、「ウチはトリプルAをモットーにして行くからね」と宣言。熱く、明るく、諦めずの頭文字をとってつくったグランドルールだ。毎日、顔を合わせるたびにこの言葉を繰り返したおかげで、失敗しても「もう1回トライします！」と笑顔が返ってくる、粘り強く明るいチームになっていった。

さらに使いこなすためのヒント

- ●「否定しない」をルールにしたチームで、「いいんだけど…」というセリフが横行したことがあります。「Yes, but」は否定と同じ。しっかり肯定し、良い点を具体的に指摘するようにしましょう。あえて肯定してみると、いままで気づかなかった良い面に気づけるようになります。
- ●チームのグランドルールは、会社レベルで見ると行動指針やバリューといわれるものと同じです。日本電産という会社は、「すぐやる、必ずやる、できるまでやる」という行動指針を徹底して大成功しています。それぐらいグランドルールの力は大きいのです。

松下幸之助氏の言葉

あせらず、あわてず、あきらめず
努力をしていても、なかなか成果が現れてこない。
いらいらがつのる。投げ出したくなってくる。
しかし、そんな時こそ心を乱さず、地に足をつけて
努力を重ねたい。あせらず、あわてず、あきらめず――
仕事でも人生でも一歩一歩着実な歩みを心がけたい。

出典：https://www.facebook.com/permalink.php?story_fbid=710797588962319&id=14451559892
3857

この道具を使えば、
後輩の指導が楽になる!

こんな時に使える!

　新入社員や若手メンバー（メンティー）に対して、経験からの学びを加速し、OJTトレーニングの効果を高めるツールです。形式的な報告と反省だけで終わり、同じ失敗を繰り返したり、何から改善すればよいかわからないといったケースに効果的です。

この道具の使い方

[所要時間] 30分/回 [人数] 2人 [事前準備] YWKPTシート、筆記具

1. メンティーは宿題で、この1週間で「やったこと」と「わかったこと」をフォーマット（右図）にまとめる（10分）
2. メンターは「やったこと」「わかったこと」を深掘りし、「良かったこと」（Keep）と「課題」（Problem）を引き出して、シートに記入する（10分）
3. 「良かったこと」は今後も継続し、「課題」から「改善に向けたアクション」（Try）を一緒に考えて記入する（10分）
4. 1週間後にメンティーとメンターで、改善アクションを実施した結果を「やったこと」「わかったこと」で振り返り、以上を繰り返す

使用例

　新入社員のOJTトレーナーに任命された秋山さん。教えたことがなかなか定着せずに困っていた。そこでこのYWKPTを使ったところ、新入社員が自分の行動と理解したことを整理することで気づきが増え、教えたことの理解も深まって、同じミスを繰り返さなくなった。

さらに使いこなすためのヒント

- ●「やったこと」から「できたこと」を抽出することで、成長実感が高まります。課題ばかりにフォーカスせず、良い面にも注目してあげましょう。
- ●課題を深掘りする時は「なぜ」ではなく「何」を問いましょう。これから何をするかを問うほうがポジティブな解決につながります。
- ●慣れないうちは、1週間単位ではなく、毎日実施してもよいでしょう。

YWKPTとは

IT業界を中心にYWT（やったこと、わかったこと、つぎにやること）と、KPT（Keep、Problem、Try）の2つのツールがよく使われます。YWKPTは、この２つを融合しバージョンアップしたものです。

YWKPTシート（例）

行に日付を、列にYWKPTを並べたシンプルなフォーマットです。

日付	Y （やったこと）	W （わかったこと）	Keep （良かったこと）	Problem （課題）	Try （改善アクション）
○月○日	○○作業準備 SNS配信作業 上司との1on1	すでに動作確認が完了していても、その後に環境が変わっている可能性があるため、再度の動作確認が必要 「コード」を本番環境に反映していたとしても、本番用のデータに反映されているとは限らないため、確認が必要	○○作業準備 人に見せるという意識はあった SNS配信作業 最終的な動作には問題なかった 想定した件数すべて処理済みとなった	○○作業準備 確認用のリンクが間違っていた 自分の手元で常に開いていたファイルなので、リンクの飛び先は意識していなかった SNS配信作業 ○○時まで、データセットが足りていないことに気づけなかった(2度目) 確認がいつもどこか抜けている	○○作業準備 最終的な確認はすべてクリアにした状態 たとえば開いたリンクなどはすべて閉じる SNS配信作業 データセット関係はすべて本番に上がっていることを確認する データセット関係は、コードを上げても本番環境で確認できるまでは一貫して行う

参考資料：ターシャ・ユーリック著、中竹竜二監訳、樋口武志訳『Insight：いまの自分を正しく知り、仕事と人生を劇的に変える自己認識の力』英治出版、2019

明るいゴシップで
気分も行動も変えよう!

こんな時に使える!

　大きな変化があると、悪質なうわさ話や陰口が横行し、情緒不安定になる人がいたり、予期しないことが起こったりします。そんな時に、肯定的・好意的な相互フィードバックで人々の関係性と行動を変えるツールです。

この道具の使い方

[所要時間] 15分 [人数] 8人以上 [事前準備] 質問を上映する機材、ベル

1. ペアをつくり、向かい合って立つ（1分）
2. 「グループ内の人についての事実に基づいたポジティブな話（ゴシップ）」を紹介しあう（1人1分で計2分）
3. ベルの合図で、他の人とペアをつくり、向かい合って立つ
4. 「グループの内外を問わず、職務上あるいは個人的にあなたを支援・指導してくれた人についてのポジティブな話」を紹介しあう（2分）
5. ベルの合図でさらに他の人とペアをつくり、向かい合って立つ（2分）
6. 「目の前にいるペア相手についてのポジティブな話」を紹介しあう（2分）
7. 4人のグループで、気づいたことと次のアクションを話しあう（5分）

使用例

　ある外資系企業での話。本国本社のトップ交代に伴い、日本法人トップも外部から登用されるという話が突然漏れてきた。社内は騒然とし、根も葉もないうわさが飛び交い、相互不信に陥っていった。そこで、各部門でのミーティング冒頭にこのツールを使った結果、ほとんどの部門で、うわさ話はやめようというアクションが挙げられた。

さらに使いこなすためのヒント

● 使い方6の問いかけは、進め方を説明する時点では秘密にしておきます。
● 悪質なゴシップのように、ポジティブゴシップも誇張して脚色して話すようにしてもらうと盛り上がります。
● 職場の立食パーティーでの出し物としても楽しめます。ポジティブなことにだけ意識を集中しているので、終わった後で気分が良くなります。

場のつくり方

場のつくり方については次の項目を参照してください。

どちらのやり方でも構いません。
- ● は茶め茶会（P.034）
- ● 速攻！ネットワーキング（P.036）

うまくいった話を共有して、行動変容を促す

こんな時に使える!

メンバー同士で仕事のコツや勘所が共有されていない時に、うまくいっている人のやり方を素早く共有してチーム力を底上げするツールです。

この道具の使い方

[所要時間] 65分 [人数] 4〜20人 [事前準備] 模造紙、付箋、水性ペン、ベル

1. 進め方を説明し、テーマを確認する（3分）
2. ペアになって交代でインタビューを行う。話し手はテーマにそって自身の成功談を話し、聞き手はメモを取る（7〜10分/人、合図で交代）
3. 2つのペアで1組になり、自分のペア相手の話を他の2人に伝える。2人の聞き手は成功要因の発見に意識を向け、メモを取る（10分）
4. 気づきやパターンを4人で共有し、集約してまとめる（5分）
5. 全体で、それを集約して模造紙にまとめる（10〜15分）
6. 「1-2-4-All」(P.060) を使って、成功に結びつく要因に対する次のアクションを話しあう（10分）

使用例

ある企業のマーケティング・営業のスタッフは、販促イベント会場のキャンセル料に頭を悩ませていた。そこで「スムーズに会場手配ができた過去のイベント」について話しあったところ、ベテランには当たり前のことでも最近入社したスタッフには気づきがあった。その後、イベントの会場手配はスムーズに進み、キャンセル料を激減させることにつながった。

さらに使いこなすためのヒント

● 成功談を話してもらう時は、一般的な話ではなく、自身に起きたことを具体的な経験談として話してもらいましょう（ナラティブ）。ハウ（やり方）だけでなく、その背景（コンテクスト）が伝わるので、聞き手の心に響き、チームが動き出すきっかけになります。
● スキルや経験が豊富なベテランからの成功談よりも、中庸なスタッフからの成功談に着目すると、誰にでも真似できるやり方に気づけます。

Attribution: Liberating Structure developed by Henri Lipmanowicz and Keith McCandless
(CC BY-NC-SA)

上手な人のやり方を
楽しみながら共有する

こんな時に使える！

　　仕事のやり方などを共有するのに、受け身の退屈なプレゼンテーションではなく、テレビ番組のトークショーや芸能人の記者会見のようなスタイルで印象づけられる効果的な方法です。セレブ役は注目を浴び、観客も芸能レポーターになったような気分で、楽しみながら参加できます。

この道具の使い方

[所要時間] 30〜55分 [人数] 10人以上 [事前準備] 劇場スタイルの会場、マイクとスピーカー、付箋、水性ペン

1．司会者はセレブ役の人を温かく迎え入れ、トピックを紹介する（3分）
2．司会者は、観客が聞きたいと思っていることをユーモアも交えてインタビューする（15〜30分）
3．「1-2-4-All」(P.060) の要領で、付箋に質問を書き出してもらう（5〜10分）
4．司会者はその付箋を参考に、セレブに質問をする（5〜10分）

使用例

　　トップ営業による営業術を共有して業績を伸ばそうとしたが、そのノウハウがなかなか広まらない。「あの人たちは特別だから」という意識が邪魔をしていると気づいた営業部長は、2番手グループの比較的経験の浅いスタッフにセレブ役になってもらい、日々の営業活動についてインタビュー形式で話してもらったところ、参考になることが多く引き出せ、一般の営業たちも広く実践するようになった。

さらに使いこなすためのヒント

● 事前に目的や質問をセレブ役の人としっかり共有し、できるだけ経験談を交えて回答してもらうように依頼します。
● イエス・ノーで答えられる質問よりも、オープンな質問で話が広がるようにします。
● オンライン会議でチャット機能を使うと、観客からのコメントや質問が出やすくなり、それをスクリーンに出せるので、より一層盛り上がります。

●セレブインタビュー

場のつくり方

司会者とセレブ役

司会者とセレブ役が一段高い壇上で、マイクとスピーカーを使って話をするとよいでしょう。リラックスできる椅子だと、さらに楽しい雰囲気を演出できます。

観客

インタビューを視聴するための椅子を劇場スタイルで配置し、後で小さなグループを形成できるスペースの余裕をつくっておきます。

経験から得たノウハウを
みんなで分かちあう

こんな時に使える！

現場で起こっていることを生々しく、素早く共有し、チームに新しいやり方を促すツールです。

この道具の使い方

[所要時間] 35〜70分 [人数] 12人以上 [事前準備] マイクとスピーカー、付箋、水性ペン

1. 部屋の中央（金魚鉢）に課題を抱える「金魚役」数人の席を設け、その周りに問題解決に関心を持つ「鑑賞者」の席を設ける（右図）
2. 金魚役の間で現場の課題や経験を語りあってもらう（10〜25分）
3. 鑑賞者は金魚役の話を聴いて感じたことや質問を「1-2-4-All」(P.060) の要領で話しあう（4分）
4. 鑑賞者と金魚役との間で質疑応答を行う（10〜25分）
5. 必要に応じてグループに分かれ、「それで？」(P.064)「25/10クラウドソーシング」(P.070)「15%ソリューション」(P.092) などを使って解決策を決める（10〜15分）

使用例

接遇研修を工夫しても顧客満足度が改善せず、困っていたチェーン店で金魚鉢を行うことに。お客様と接している店員たちが金魚役となり、現場で起きている問題を寸劇を交えて紹介し、それを本社スタッフや研修講師が鑑賞した。金魚役の話から、現場には想定外の問題があることがわかり、現場の課題と知恵を取り入れた新しい接遇研修が開発されることになった。

さらに使いこなすためのヒント

- 鑑賞者に対するプレゼンではなく、内輪の話を聞かせることがポイントです。金魚役の人たちには、鑑賞者からの質問に対しても自身の経験を交えながら率直に話すようにお願いしておきましょう。
- ファシリテーターから趣旨を説明する時に、「このワークショップを通じて表現力、傾聴力、質問力、観察力、パターン発見力などを磨いてください」と一言添えるのもいいでしょう。

●金魚鉢

場のつくり方

実は…

鑑賞者席

金魚鉢

金魚役（内側の輪）

金魚鉢の会話が全員によく聞こえるよう、マイクとスピーカーを使うのがいいでしょう。マイクを1本にすると、一度に話すのを1人にできます。

鑑賞者（外側の輪）

金魚鉢を取り囲むように椅子を配置します。また、後で小さなグループを形成できるスペースの余裕をつくっておきます。

「片隅の成功者たち」の
解決策を共有する

こんな時に使える！

　職場の慢性的な問題に対して、同じ環境で特別なスキルもないのにうまくやっている「片隅の成功者たち」(P.082) を見つけ、次のアクションに結びつける対話ツールです。

この道具の使い方

[所要時間] 25～70分 [人数] 5～15人 [事前準備] PC、プロジェクター、模造紙、筆記具

1. 話しあう目的と進め方を説明する（5分）
2. 7つの質問（右ページ）を順番に1つずつ示し、グループ全体から回答を得る（15～60分）
3. ファシリテーターまたは書記役は、その回答を模造紙に記録する
4. その記録から洞察の発見や次のアクション、あるいは誰を巻き込む必要があるかを問いかける（5分）

使用例

　あるチェーンストアでは、顧客満足度（CS）の向上を目指して本部から各店舗へ事細かな接遇マニュアルを配布していたが、CSはいっこうに改善しなかった。そこでDADを使った対話をしたところ、それほど経験のないスタッフが、マニュアル通りではない臨機応変な接遇で成果をあげていることが判明。これを受けて、本部は接遇マニュアルを取りやめ、接遇の目的などを解説する簡素なガイドブックを配布するようになった。

さらに使いこなすためのヒント

◉反応が鈍い時は、「1-2-4-All」(P.060) などを併用すると場が盛り上がります。
◉スキルや経験が豊富なエキスパートからの回答より、普通のスタッフからの回答に着目することがポイントです。エキスパートのやり方は真似できないことも多いですが、普通のスタッフのやり方は誰でも真似できることが多いので、全体の底上げが図れます。

発見とアクションを導く7つの質問（基本形）

1. そのような問題が発生したことを、どうやって察知していますか？
2. その問題を解決するために、どういうアクションを取っていますか？
3. そのアクションを取るのに、いつも邪魔になるのは何ですか？
4. 周囲にうまくやっている人はいますか？　その人は、どんなやり方で「邪魔」を乗り越えていますか？
5. こうしたらいいのに！というアイデアはありますか？
6. うまくいかない時に、どんな助けを必要としていますか？
7. 誰を巻き込めばうまくいきますか？

店舗での接遇についての7つの質問（例）

1. お客様が商品説明を必要としていることをどのように察していますか？
2. その際にどのようなお声がけが効果的ですか？
3. 接客中に他のお客様から声を掛けられた時、どうしていますか？
4. 複数のお客様にうまく対応している人はいますか？　その人は、どんな立ち居振る舞いや受け答えをしていますか？
5. こうしたら複数のお客様にうまく接遇できるよ！というアイデアはありますか？
6. 接遇がうまくいかない時は、他の誰かのサポートが必要ですか？
7. その場にベテランの人がいたらうまくいきますか？

Attribution: Liberating Structure developed by Henri Lipmanowicz and Keith McCandless
(CC BY-NC-SA)

二者択一の対立を解消して
アクションを促そう!

こんな時に使える!

「標準化」vs「個別化」など二者択一で対立している時、その両方の利点を
浮かび上がらせることで新しいアクションを生み出せるツールです。

この道具の使い方

[所要時間] 80分 [人数] 8～20人 [事前準備] 模造紙、付箋、第三の道ワークシート

1. 「第三の道ワークシート」(右図)を貼り出して進め方を説明する (5分)
2. 「1-2-4-All」(P.060)を使って二者択一を解消したいテーマを特定し、ワークシートの上部に大書する (10分)
3. その下に、対立しているテーマの根拠を追記する (10分)
4. 「1-2-4-All」の1-2-4までを使って、対立するテーマ (右図では「より標準化」と「より個別化」)のそれぞれに必要な要素を付箋に書き出し、A、B、Xの3つにグルーピングする (15分)
5. グループAとBからXに移せる要素はないか、何をしたら移せるかを話しあい、できるだけXを増やす (15分)
6. 「1-2-4-All」を使って、全体で二者択一を解消する第三の道がないかを話しあい、アクションに落とし込む (25分)

使用例

新商品発売に合わせて家電量販店向けの陳列台のデザインを議論した時のこと。ブランドの訴求を重視して全国統一デザインを主張するチームと、地域事情を反映した店舗ごとのデザインを主張するチームで意見が対立した。そこで、この道具を使ってデザインの要素を整理したところ、全国統一のフレームに、店舗ごとに選べる着せ替えパネルをつける第三の道が合意された。

さらに使いこなすためのヒント

● A、B、Xの要素について議論する時、それが必須なのか、なくても支障がないのかを意識してもらうと、第三の道が見つかりやすくなります。
● 議論が「標準化」と「個別化」のどちらかに偏っている場合は、ファシリテーターが「悪魔の代弁者(多数派にあえて反論や批判をする人)」を演じてもかまいませんが、議論に巻き込まれないよう注意しましょう。

●第三の道

第三の道ワークシート

話しあう活動

標準化の根拠　　　　　　個別化の根拠

グループA
より標準化
1.
2.
3.
4.

グループX
どちらでも可
1.
2.

グループB
より個別化
1.
2.
3.
4.

二者択一で対立しているテーマを「話しあう活動」に記入し、その下にそれぞれ対立している根拠を追記します。その後は左ページの手順で3つにグルーピングし、第三の道がないかを話しあいます。

ありたい姿と向き合い、改善アクションに落とし込む

こんな時に使える！

　プロジェクト終了などのタイミングで、振り返りに使います。大事な課題にフォーカスした改善を行うことができます。

この道具の使い方

[所要時間] 150〜180分 [人数] 3〜8人 [事前準備] ホワイトボード、付箋、筆記具

1. 事前宿題として、チームの存在目的を各自で考え、付箋に書いてくる。それをホワイトボードに貼り出しながら説明する（2分/人）
2. 議論しながら存在目的をすり合わせ（20分）、それをベースに半年後のチームのあるべき姿を個人ワークで付箋に書き出す（20分）
3. 付箋をホワイトボードに貼り出してグルーピングし、半年後のあるべき姿を話しあう（60〜90分）
4. 半年後のあるべき姿に対して、今期取り組んできたことのうち、Keep（継続すること、よかったこと）とProblem（課題）を個人ワークで付箋に書き出したものを貼り出して共有する（10分）
5. グルーピングし、「N/5投票法」(P.072) などで大事な内容を絞り込み（15分）、Try（改善アクション）を考える（15分）

使用例

　ある企業のシステム保守チームでは、これまでも振り返りを行ってきたものの、いくつも課題があって何から手をつければよいか困っていた。そこでビジョンKPTを実施し、自分たちの存在目的を「なんでも屋になって他チームの成果創出に貢献するチーム」と確認。その目的を軸に議論したところ、業務領域を広げることが最大の課題として浮かび上がり、半期の成果と今後解決すべき課題も3つに絞ることができた。

さらに使いこなすためのヒント

◉「OKR」(P.108) と組み合わせて、半年後のあるべき姿をObjectivesとして設定すると、目標設定にもつながります。
◉Tryは、どのKeepやProblemと結びつくかがわかるように整理します。
◉「3W」(P.120) を使うと、アクションが明確になります。

●**ビジョン・ケー・ピー・ティー**

アウトプットのイメージ

存在目的
なんでも屋になって他チームの成果創出に貢献するチーム

半年後のあるべき姿
● 他チームの期待する納期を超える対応スピード
● ユーザーが気づく前にトラブルを発見できる状態

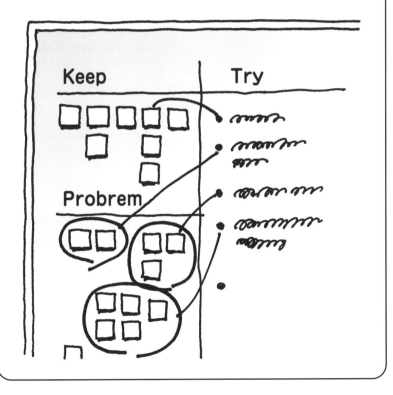

楽しくシリアスな時間をつくり、解決策を普及する

こんな時に使える!

　頭でわかっていても行動に移せない時、遊び心と自己発見を促すことで納得感を高めるツール。隠れていた現場の知恵を発見するのにも効果的です。

この道具の使い方

[所要時間] 30〜120分 [人数] 10人以上 [事前準備] 有志による最初の即興劇、ベル

1. 狙いと進め方を簡潔に説明する (2分)
2. 演じてもらう場面と配役を説明して舞台を設定する (3分)
3. 最初の即興劇を上演する (3〜5分)
4. 観客は「1-2-4-All」(P.060) の要領で、劇のどこが良くて、どこが悪かったかを話しあう (10分)
5. 観客をいくつかのグループに分け、悪かった部分を改良した即興劇をつくってグループ内で試しに演じてもらう (5分)
6. 自薦・他薦で各グループが舞台に上がり、全体の前で自分たちの改良版を演じる (3〜5分)
7. 実践で役立つ劇ができるまで、繰り返し改良版の即興劇を演じる

使用例

　新製品に合わせた営業研修での話。従来行っていたトップ営業によるロールプレイをやめて即興劇を実施。新製品の営業が「失敗する寸劇」を本部スタッフが演じ、それを観た営業全員で「成功する寸劇」に改良して演じてもらった。自ら改良案を考え演じることで、遥かに高い研修効果が得られた。

さらに使いこなすためのヒント

- ●最初の寸劇の準備は、学園祭のノリで楽しく進めましょう。
- ●改良版の上演では、拍手の大きさによる評価で競技会スタイルにすると、さらに盛り上がります。
- ●状況を悪くする劇を演じてもらったり、上司が部下を、部下が上司を演じるような現実とは逆の配役をしたりするバリエーションもあります。
- ●大いに盛り上がって騒がしくなるので、進行を合図するベルは必須です。

●即興劇

場のつくり方

ステージ

舞台があると理想的です。寸劇を演じられるだけの十分なスペースを確保しましょう。

観客席

はじめは劇場スタイルで椅子を配置し、観劇後は数名のグループに分かれ、話をしたり改良した寸劇を演じたります。余裕のあるスペースが必要です。

ツールを組み合わせるツール
StringとDesign Storyboard

　みなさんは、どうやって日本語を覚えたか思い出せますか？ ひらがな50音に始まり、広辞苑には約25万もの単語があり、それらを組み合わせると無限に文章を生み出すことができます。本書で紹介している話しあいのツールは、ひらがな50音のようなものです。最初はわずかなお気に入りのものから始まるでしょうが、徐々にレパートリーを増やし、その組み合わせでさまざまな目的や状況に応じたファシリテーションができるようになります。

●Stringという考え方

　リベレイティングストラクチャー（LS）では、ツールを組み合わせた一連の流れを「String」と呼びます。そして、目的に応じたツールの組み合わせをつくるために、写真のようなLSデザインカードが用意されています。

●Design Storyboard　ストーリーボード

　会議の目的とゴールを達成するためのステップを設計するのに、LSには

●図表11：LSデザインカードを使ったワークショップ設計例

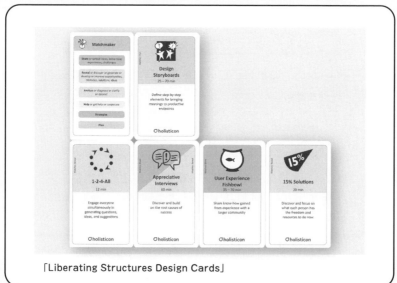

「Liberating Structures Design Cards」

「Design Storyboard（ストーリーボード）」というツールがあります。この道具の使い方は、次のとおりです。

[所要時間] 25〜70分 [人数] 1〜8人 [事前準備] 模造紙、付箋、水性ペン、LSデザインカード、下記のワークシート

1. 会議の目的を明確にする（必要に応じて「9回のなぜ対話」(P.094)を使う）（2〜5分）
2. これまでのやり方を書き出し、目的の達成に成功したか、失敗したかを話しあう（5〜10分）
3. 必要に応じて目的の記述を再検討、強化する（2〜5分）
4. 誰が参加するか、誰を巻き込む必要があるかを決める（2〜5分）
5. 目的とゴールを達成できるLSツールやその他の方法の候補をブレーンストーミングで挙げる（5〜10分）
6. その目的が1回の会議で達成できるかどうかを判断し、必要に応じて何

●図表12：2人の中途採用者のチーム配属時ミーティングの例

アジェンダ	ゴール	使用ツール	このツールを使う理由	時間配分	ファシリテーター／参加者
自己紹介	お互いを知る	は茶め茶会（P.034）	短時間でプロフィールが共有できる	10分	スクラムマスター／全員
新メンバーの経歴紹介	新メンバーの得意なことを知る	セレブインタビュー（P.132）	楽しく新メンバーが話せる	20分	スクラムマスター／（セレブ）新メンバー
現メンバーからのアドバイス	新メンバーの不安を軽減する	ワイズクラウド（P.066）	お互いの関心をさらに高める	15分	スクラムマスター／（相談者）新メンバー
新しいチーム名を考える	新しいチーム名でOne Teamに！	1-2-4-All（P.060）	素早く合意形成する	15分	スクラムマスター／全員

回かの会議に分ける

7. どのLSツールやその他の方法が目的を達成するのに最適かを判断し、その1つに加えてバックアップとして第2候補を選択する（2〜10分）

8. 誰に参加依頼し、誰がファシリテーションするかを決め、ストーリーボードのワークシートに記入する（2〜10分）

9. 設計を評価する（たとえば「目的・手段ツリー」(P.090) を使う）（2〜5分）

オンライン会議の
ファシリテーション

　本書で紹介したツールのほとんどがオンライン会議でも利用できます。しかし、対面での会議と異なることも多いため、なかなか慣れない人も多いのではないでしょうか？　そこでこの章では、オンライン会議でも対面での会議と同じように成果を出すためのコツやアイスブレイクについて紹介します。

オンライン会議の弱点をうまく補おう

　オンライン会議では音声や表情が読み取りにくいので、論点を明確にしたり、理解を確認するファシリテーターの役割はより重要になります。特に次に挙げるようなポイントに注意しましょう。

- 冒頭に、会議の目的とアジェンダ、成果物（会議の終了時に得ていたいもの）を確認しましょう。この時に役立つのが、ホワイトボード機能です。多くのシステムに付いているので事前に準備をしておきましょう。本物のホワイトボードのようにその場で書いて共有できるので便利です。
- 役割分担を決めておきましょう。ファシリテーターとは別に技術担当と書記を決めておきます。技術的なトラブルに対処するために、必ず技術対応のできる人を決めておきましょう。ファシリテーターは対面の会議より忙しくなるので、書記を兼ねるのも避けたほうが無難です。
- グランドルールを決めておきましょう。「名前を呼んでから問いかける」「自分が話していない時はミュートする」「頷きなどで大げさに反応する」など、オンライン会議ならではのものが必要です。
- ファシリテーターからの問いかけや依頼は、1度に1つを簡潔に伝えます。
- 最後にアクション「3W：What/Who/When」(P.120) を確認しましょう。

オンライン会議の長所をうまく活用しよう

　オンライン会議は**対面会議の劣化版ではなく**、オンラインのほうが良い面があります。その特徴をうまく利用しましょう。

- チャット機能。チャットで質問やコメントを自由に入れてもらうようにすると時間を節約できます。また、発言の少ない参加者からの質問やコメントも拾いやすくなります。チャットが多すぎて追えない時は、チャットのチェック係を指名してサポートしてもらいましょう。逆に、ファシリテーターからの問いかけをチャット上に書いておくとわかりやすく、途中から参加した人もすぐにキャッチアップできます。
- ミュート機能・ビデオの停止機能。「トロイカ・コンサルティング」(P.062)や「ワイズクラウド」(P.066) などでは、お互いの表情や反応をうかがわずに率直なアドバイスがしやすくなります。
- ブレイクアウト（分科会）機能。ブレイクアウト機能が付いているシステムなら、「1-2-4-All」(P.060) などを使って、参加者間の意見交換や意見集約が対面より素早く簡単にできます。また、ブレイクアウトの残り時間が画面に表示されるので、時間管理も容易です。
- 名前の変更機能。オンライン会議で「1-2-4-All」を使うには、ペア分けとグループ分けをする準備として、参加者の名前の前にペア番号とグループ名をプレフィックス（接頭辞）として付けます。たとえば、「1a佐藤、1a鈴木、2a高橋、2a田中、3b伊藤、3b渡辺、4b山本、4b中村」として、数字でペア分け、アルファベットでグループ分けすれば、手早く操作できます。こうしておくと、誰がどのグループで話しあいをしたのか、他の参加者にもわかります。
- スクリーンショット機能。スクリーンショットを使うと参加者の記念撮影も簡単にできます。

オンライン会議でのアイスブレイク

　実際に人が集まる会議やワークショップなどでは、話しやすい雰囲気をつくるためにアイスブレイクが行われますが、オンライン会議ではどうしたらいいでしょう？ そのままではできないものが多いですね。

　そこで、オンライン会議でも行えるアイスブレイクを5つ紹介します。どれも2〜3分でできる簡単なものばかりです。

●アイスブレイク1：世界のどこに？（Where in the world is?）

　参加者の顔がすべて見えるように画面モードをセットしてもらいます。ファシリテーターがまず、「松田さ～ん」と参加者の1人の名を呼びながら自分の画面上で松田さんが映っている方向（上や右など）を指さします。同時に参加者全員が、自分の画面上で松田さんが映っている方向を指さす遊びです。何の準備も必要なくすぐやれます。

●アイスブレイク2：言葉のパスゲーム（Pass the word!）

　参加者の顔がすべて見えるように画面モードをセットしてもらいます。ファシリテーターが、「伊藤さん、ほらリンゴだよ」と、参加者の1人の名前を呼んで両手でそれをパスする動作をします。呼ばれた人は、それを受け取る動作をし、今度は別の人に「ほらネコだよ」などと別の言葉をパスします。全員が呼ばれるようにします。もし、わからなくなったら「誰が残ってる？」と訊くといいですね。最後はファシリテーターに戻して終わります。

●アイスブレイク3：世界の国からこんにちは（Greeting from the world）

オンライン会議では世界中から参加者が集まることがあります。そこで冒頭に、画面共有機能とホワイトボード機能を使い、そこに世界の白地図^{*10}を映し出した後、参加者は自分がいる場所にマークをしたり名前を書き込んだりします。こうすることで、参加者がお互いの居場所をその後の話のきっかけにしたり、ホワイトボードの使い方をそれとなく伝えたりできるお勧めのアイスブレイクです。

参加者の地域が限定的なら、その地域の白地図で行うとよいでしょう。また、すでにおなじみのメンバー同士のオンライン会議なら、自分の出身地や行ったことのある場所をマークしてもらうと、他の参加者の新しい一面を知ることができるかもしれませんね。

●アイスブレイク4：は茶め茶会（Mad Tea Party(P.034)）

通常は質問の答えをペアで共有しますが、オンライン会議ではチャット機能を利用して行います。質問は、単語や短い一文で答えられるものにするとよいでしょう。

1．チャット機能を立ち上げる
2．ファシリテーターから質問をする（チャット画面にも表示する）
3．参加者は回答をチャットに打ち込み、合図を待つ
4．「せーの！」の合図で、全員同時にEnterキー（送信）を押して入力する
5．みんなが入力した回答をスクロールして眺めながら歓談する
［質問例］
　●あなたの職業は？
　●使っているIT機器は何？（PC/タブレット/スマホ）
　●今週一番楽しかったことは？
　●今日の期待を1つの単語・短い一文で言うと？
　●いま、あなたが一番必要としているリソースは？

---

*10　「白地図」をインターネットで検索すると、たいていの地域の白地図は見つかります。

●アイスブレイク5：あなたはどっち派？（What would you rather?）

参加者の顔がすべて見えるように画面モードをセットしてもらいます。簡単な2択問題を数個用意しておき、回答者には指を1本か2本立てて答えてもらいます。

［質問例］

- ●いまあなたはディズニーランド（1）とUSJ（2）のどちらに行きたい？
- ●今朝、朝ご飯を食べた人（1）、食べなかった人（2）？
- ●今日は、ついている日（1）、ついてない日（2）？

このようなオンライン会議用のアイスブレイクは、英語でネット検索するとたくさん見つかります。たとえばYouTubeには次のものがあります。

※3 Easy Icebreaker Games to Play on Video Conferences
https://www.youtube.com/watch?v=7BrdHfdiaWw

まだ日本語では少ないので、読者のみなさんもいろいろ工夫して、ネットにアップしてみてはどうでしょう？ YouTuberになるチャンスです！

オンライン会議でのお悩みQ&A

まだまだオンライン会議について質問を受けることが多いので、その代表的な疑問にお答えします。

Q：表情や雰囲気がわかりづらく、伝わっているか不安です

A：まずは、ゆっくり滑舌良く話し、表情や動きを大げさにして、みんなが反応しやすい雰囲気づくりをしましょう。グランドルールとして、「カメラを常にオンにしておく」「頷きや手を振るなどで反応する」といった項目を挙げてもいいでしょう。どうしてもカメラをオンにしたくない人には、チャットや反応ボタン機能などを使って話を聞いていることを表すようにお願いしてみてはどうでしょう。

［オンラインでのグランドルール例］
- ●マイク付きのイヤホンやヘッドセットを使う
- ●自分が話していない時はミュート（マイクをオフ）にする
- ●カメラをオンにして、頷きや手を振るなどで反応する
- ●顔を出したくない人は、チャットや反応ボタン機能などで話を聞いていることを伝える
- ●発言してもらう時は、名前を呼んでから問いかける

Q：発言がぶつかると順番の譲りあいになり、議論が盛り上がらないのですが…

A：参加者の多いオンライン会議であれば、一度に全員で話しあうのではなく、ブレイクアウト（分科会）機能を使って話しあいのグループを小さくしてみましょう。「1-2-4-All」(P.060) や「カンバセーション・カフェ」(P.096) の要領で、まず1人ひとりが発言してから全体に戻すとスムーズに進みます。

Q：会場に集まっている人たちの間で話が進んで、オンライン参加者が入りにくい

A：会場に集まった人とオンライン参加者が混在する場合、会場ではトークボール*11 を使ってみてはどうでしょう。ボールを持った人がマイクの前で1人ずつ話せば、会場の人たちだけで話が進んでしまうことはありません。

Q：長時間の議論に集中力が持たない

A：途中で休憩をとるか、アジェンダに休憩時間を組み込んでおきましょう。休憩から時間通りに戻らない人も出てくるので、再開時間をしっかり伝え、タイマーを画面共有で表示しておくなどするとよいです。休憩時間には、オンライン飲み会の要領で、おやつや飲み物を見せあうなどの雑談でリラックスしましょう。

---

*11　トークボールを持った人だけが話し、他の人は聞くというルール。

Q：付箋やホワイトボードのオンラインツールをうまく使うには、どうした らいいでしょうか？

A：付箋や模造紙を使ってやっていたことをオンラインでも疑似的にできる ツールが続々出ています。そういう最新のものを利用するのも1つです が、発想を切り替えて、対面で行っていたことをそのままオンライン上 で再現しようとしない方法もあります。たとえば、「N/5投票法」(P.072) では、アイデアを貼り出して丸シールを貼る代わりに、111…1と数字 を並べてみるなどの工夫をしましょう。事前にツールの使い方に習熟し ておくと、あわてずに柔軟に対応できます。

Q：付箋やホワイトボードのオンラインツールを探したり、選んだりするコ ツを教えてください

A：オンラインツールの比較サイトがインターネット上にいろいろ発表され ています。どんどんアップデートされているので、最新の比較表から良 さそうなものを小規模の集まりで試してみるのがいいでしょう。利用に あたっては事前に利用者のアカウント登録が必要なツールもありますが、 たいてい無料で試用できます。開始前の動作確認を徹底しましょう。守 秘性の高い会議を行う時には、専門家のアドバイスを仰ぎましょう。

Q：中途採用者のオンボーディング（チームへの配属時ミーティング）があ るのですが、オンラインでは難しいですよね？

A：オンラインでは難しいと思われがちですが、国際的なチームでは日常的 に行われています。お勧めは「ドラッカー風エクササイズ」(P.040) です。 ホワイトボード機能を使ってもいいし、通常のスプレッドシートを共有 してもできます。意外とうまくいくので、ぜひ試してみてください。

ファシリテーション失敗談

森 ここまで、この道具を使うとうまくいきます、ということを書いてきたわけですが、実際にはいろいろ失敗がありますよね。ということで今日は、執筆を終えた3人で、そういう失敗談を語り合ってみたいと思います。

時間が掛かりすぎる

松田（以下・松） では、僕から…。やっぱり一番よくあるのは、スケジュール通りに終わらないパターンですね。本当によくあって、予定していたアジェンダ通りにまったく進まない。いままでの最大の失敗だと、クレド（信条）を決めようということで1 day longミーティングを計画したんですが、やってみると、とても1日では収まらず、2回、3回やっても合意が得られず、結局7回やることになりました。

伊藤（以下・伊） えっ、想定の7倍！ のっけからすごいのが出てきた！（笑）

森 7倍というのはスゴイ。世界記録かも（笑）。途中でやめようってならずにできたのは、なんででしょう？

松 これはもう…文化だと言いたいのですが、そういう話にしちゃうと意味がないので。1つ最初に決めたことがあって、それが効いているのかなと。それは**決め方を決めた**ことです。

森・伊 うん、うん。

松 クレドやバリューは、多数決で決めるものじゃない。みんなの合意が必須だってなって、合意するまで話しあおうと最初に決めたんですよ。それが時間を掛けてでもやり続けられた理由かなと思います。

森 とはいえ、1日目が終わった後に、こりゃダメだというか、絶望的にならなかったですか？ 後の見通しが立たないよね。

松 ぜんぜん立たなかったです。でも、当時の課題感ですけど、本当に組織状態が良くなかったんですよ。これで行くしかない、という切羽詰まったものがあったと思います。

森 おーぉ、「健全な危機感」があった、ということですね。

松 自分たちの拠り所になるもの、それをしっかり見直すことが、これからの組織においては大事で、そのためなら時間を掛けてでもやる価値があるという認識がみんなにあったと思います。

伊 それもっと聞きたいですね。普通、組織状態が悪いと業績も悪くなって、とても時間を掛けてる場合じゃない。クレドが固まったら急に業績が良くなるとか、そんな即効性はないわけで。それなのにそんなに時間を掛けて話しあえたというのは、何が持続力になったんでしょうね？

松 幸いにして業績はそこまで悪くなかったんですね。確かにそういった意味での余裕はまだあったと思います。

森 その話を聞いて、私も失敗談を思い出しました。あるアメリカ系企業で、日本の事業の戦略づくりをやろうとアメリカから人が来て、日本チームと一緒になってワークショップをしたんですよ。バイリンガルのファシリテーターを雇って、成田空港近くのホテルに泊まりこんでね。

松 都内に入ってくる時間ももったいないという感じですね？

森 そう。確か3泊4日で、3日目の朝まではすごくうまく進んでいた。特にアメリカ人はうまくいってるって感じていて。それが、その日の午後になって、日本チームが「こんな薄っぺらなミーティングじゃダメだ」みたいなちゃぶ台返しをしたんです。みんな唖然として、いままで何の話をしてきたの!? えーぇ!? という感じになって（笑）。

伊 で、どうなったんですか？

森 まずそれまでどうだったかだけど、日中のワークショップでは、アイスブレイクに2時間ぐらい掛け、その後、過去の失敗事例と成功事例を3時間ぐらいずつかけて話しあい、それを踏まえて次のプランづくりをするという進め方で3日目の朝まできた。別に悪いプロセスじゃないでしょ？

伊・松 ふむふむ。

森 しかし、昼間語られる成功例というのは、やっぱり綺麗なストーリーだったんですよ。実際は、競合のほうが価格的にも性能的にも良くて、そっちに決まりかけていた。ところが、長年接待費使うわりに成果が出ずに劣等営業扱いされていたX氏が、実はお客さんのキーマンとすごく

いい関係で、ごちゃごちゃ寝技があってうまく行った。こういう話は昼間には出てこない。アメリカの助けでつくった資料が効果を発揮して、みたいな綺麗事で話が進んでたから、実態を知っている日本人の中ではモヤモヤ感が蓄積していって、違う！って土壇場でひっくり返したわけです。この場合、もう1回やるからまた日本に来てくれとかは許されないわけですよ。

松・伊　できないですよねー。

森　しかし、これはある意味大きな成果で、日本の営業実態を会社として知る機会になった。これだけ時間を掛けてようやく表に出てきた真実なんだよね。もちろん反省は大きくて、それはワークショップ中、私が夜に付き合わなかったこと。昼間、ずーっと議論しているので、夜はその整理と翌日のアジェンダをファシリテーターと打ち合わせていて、日本チームとの飲み会に出られなかった。「ちゃぶ台返し」はこの夜の場で話されていた。そういう「場外」にも入っていれば、ちゃんとホンネが聞けて、昼の議論に反映させることができていたはず。そうすればもっとうまくいったと思うんですよ。

松・伊　なるほど……。

森　この失敗は私にはかなりこたえていて、人が納得する上で、コンテクストと情報（感情とロジック）の割合が文化的に違うという、エドワード・T・ホールの説をすごく意識するようになった。ハイコンテクストな人たちとやる時は、たとえワークショップでも昼間だけでなく、コンテクストが変わる夜の場でもホンネを確認しておく必要があるってね。

伊　僕の失敗も、コンテクストがファシリテーションではすごく大事で、そこをおさえずに失敗したケースですね。この本のテーマにもなっている働き方改革のプロジェクトをやっていて、ある会社で3つのプロジェクトが並行して走っていたんです。まずは、ムダな仕事をなくしましょうというテーマから始めるので、「トゥリーズ」(P.022)や「これだけ！」(P.024)を使いました。ムダな仕事をなくしてワークロードを減らせたら、その時間を有益な仕事に振り向けたい。そこで最後に「15%ソリューション」(P.092)を使って、浮いた時間をお客さんのためにどう振り向け

ますか？ってやったところ、ある部門ではすごく前向きないい話がいっぱい出てきた。

森・松 なるほど、なるほど…。

伊 で、これは1つの成功パターンだなと思って、同じ組み立てで別の部門のワークショップをやったら、最後の最後に大コケ。同じように「15％ソリューション」で…って訊いたら「いや僕たちはもうすでに150％働いてるんで、浮いた時間は早く帰ります」って1人が言い出し、参加者全員が「そうだ、そうだ」みたいになって、新しいことがまったく起きなかった。**話しあいは単純にパターン化してやっちゃいけない**んだなって、その時痛感しました。ちゃんと相手のコンテクスト（残業時間や負担感）を理解した上で、その部分を調整しながら組み立てを考えないと失敗するなっていうのが、ここ最近の一番の反省ですね。

森 なるほどね。その場合は、時間的にはどうだったんですか？

伊 もともと予定した時間の枠の中で収めました。働き方改革のプロジェクトでは、ムダをとるっていうところを最初にやることが多いのですが、それはゴールじゃないですよね。忙しすぎて新しいことができないっていう状態を、物理的・心理的にまず解消する。それをやった上で、本丸の経営課題に取り組むためのメンバーを招集するっていう流れでいつもやるんですが、時間的にオーバーすることはなかったですね。

アクションが決まらず、成果につながらない

森 他にはどんな失敗がありますか？

松 アクションが決まらず、話だけで終わっちゃったということも結構、ありますね。モヤッていることとか困りごとは当然いくらでもあって話しあうのだけど、そのソリューションとしての行動…、誰がいつまでに何をやるのかが決まらなかった。なんとなく、お互いのモヤモヤを言いあって終わっちゃったみたいな…。

森 序章でMパスとPパスという2つのアプローチがある、ということを書きましたが、Mパスをやってスッキリしたけど、それだけで終わっち

ゃった、という感じですね？

松　そう。まさにそのパターン。

森　はじめから、モチベーションが上がれば、それでよいというデザインだったのですか？

松　モチベーションが落ちている時は、それを引き上げるのが先決っていうのはわかっていて、でもその後は、成り行き任せで成果が出るみたいなパターンもあれば、なにか勢いが出ないみたいなこともあるので、確実性を高めるには次のステップが必要だなと、最近考えるようになってますね。

森　なるほど。Mパスからスタートして、モチベーションや関係性が良くなってきたら、Pパスに切り替えて成果を求めていく。ただし、モチベーションを犠牲にするような成果追求ではなく、勝つチームはますますチームワークが良くなるといったアプローチをしようということね。

松　この本の打ち合わせのかなり初期の頃、最終的には成果に対して一体となるチームじゃないと本当の意味での関係性は高まらないみたいなことを、伊藤さんがポロッと言ってて、僕もそうだなと最近すごく思ってるんですよね。**関係性を高めるだけの関係性って、やっぱり限界がある**と思って。**1つの目標とか目的に対して一体となるチームのほうが本当に関係性も良くなる。**なので、Pパス、やっぱり大事だよねとすごく感じてます。

伊　僕もそう思いますね。「ウチの会社はコミュニケーションが悪くて…」みたいな感じで、それを何とかしたいと始まる案件でも、一番良い方法はPパス的にチームメンバー共通の課題解決に取り組むことで、そのほうが、ちゃんとアクションも決まって、関係性も成果も高まるという感じがします。

「答え」に誘導するようなファシリテーションは失敗する

伊　今回、この本でリベレイティングストラクチャー（LS）のツールをいっぱい紹介しています。それは僕がすごくLSに入れ込んでいるからで

すが、その背景が失敗談とつながっているので、少し長くなりますが話をさせてください。コンサルタントとして、成功への道筋を、数字もロジックも詰めて、どういうステップで成果をあげていくのか固めた上で提案し、導入・実践していくわけです。もちろんそれでうまくいくことが多いのですが、しかし、もうぜんぜんダメで、あのコンサルタントはとんでもないみたいに言われて、叩き出されたことが正直、何度かあったんですよ。

森　その叩き出された話はぜひ聞きたいですね（笑）。

伊　それはですね、**現場を動かすために意見を引き出すファシリテーションをしようとして、「答えありき」でコントロールしていたことが原因**だったんですよ。提案した内容を仮説レベルで留めておけば問題なかったんでしょうけど、答えにしちゃった上でワークショップを組み立ててしまった。**現場は、途中で自分たちが納得しないことをやらされると気づきます**から、ワークショップの後半では、みんな大人だから表面的にはまとめてくれるけど、アクションにつながらず、成果も出ない。現場からも評判が悪い、ということで、お引き取りくださいとなった。

森　確かに、ファシリテーターにはそういう、ここに持っていきたいという誘惑が常にあるよね。それで？

伊　それで、これは何とかしなければと思っていた時にLSに出会った。彼・彼女らのファシリテーションは、自分と明らかに違うことに気づいたんです。ワークショップの最中に、とにかくファシリテーターが介入しない。「インビテーション」という言葉を使いますけど、最初の問いかけですよね。その問いかけをうまくヒットさせてしまえば、あとはもう勢いに任せたほうがよいっていうことを、僕はこのLSから学んだわけです。

松　ふむふむ。

伊　それからワークショップをデザインする時は、とにかくはじめの問いは死ぬほど考えるけど、あとは勢いに任せるしかないって、ある種の諦めかもしれませんが、実はそのほうが圧倒的にうまくいくようになりました。ファシリテーションの教科書には、当たり前のこととして「答え

ありき」でコントロールしないって書いてあるし、頭ではわかっている
つもりだったんだけど、自分がまったくできてないってことをLSで気
づかされました。

森　それで、叩き出されることはなくなった？

伊　なくなりました！　最近は、叩き出されたコンサルタントの後始末に
呼ばれることが増えています（笑）。別のコンサルタントがつくった戦略
が機能しない、現場がまったく動かなくてどうしたらいいですか？ 的
にスタートするケースです。現場に入っていって、もともとの戦略通り
にはならないけど、それに近い方向で成果が出るように持っていく、と
いう案件は多いです。

「時間が掛かりすぎる問題」を解決する

森　いままで出てきた失敗例を整理すると、①時間が掛かりすぎる、②ア
クションが決まらず、成果につながらない、③答えありきで誘導するよ
うなファシリテーションをして反発を招いた、の3つの失敗パターンが
出てきました。この中で、一番読者の関心が高いのは、世の中忙しい人
が多いですから、時間が掛かりすぎるという問題ではないかと思います。
それについて何かソリューション的なものはありませんか？

松　自分の実感は、時間オーバーしてもみんなの納得感を高めるほうがは
るかに良いと思っていて、オーバーせずに枠内の時間で収めたとしても、
実行力が絶対に落ちる。後の実行段階での影響を考えると、多少時間オー
バーしても腹落ちして合意してやるほうが、その後のアクションは精
度が高まる。最近そう考えています。

森　ちょっと信念みたいな感じですね。

松　はい。

森　しかし、大多数の読者は信じていないと思います（笑）。というか、信
じていてもやれない。さっさと仕事しよう、っていう圧力に負けちゃう
というのが一般的じゃないでしょうか？

松　参加者に訊いてみるのがよいと思いますね。「本当に納得して腹落ち

してレディな状態になっているの?」って。その問いを投げれば、大体みんなそうじゃないって言うので、別途時間をとってでも納得してから行きましょう、となります。目的は、その場で決めることじゃなくて、実行して成果を出すことなので、何のためにやるのかを共通認識にする。腹落ちするにはそれしかないですよ。

伊 時間オーバーする場面を僕自身の経験から思い返してみると、ファシリテーションしてるんじゃなくて、やっぱり答えありきで誘導しようとしている。**何とかして、この方向に持って行こうとすると、想定外の反応や反発が出てくる。それをまた何とかしようとしてさらに時間が掛かる**といったドツボパターンになって、ズルズル延びていくっていう…。最近そうならなくなっているのは、最初の問いとセットで現場に任せてるっていうところが大きいと思います。一見発散しているだけのように見えて、ちゃんと現場は現場で時間内に収束するように考えてくれるし、多少時間オーバーしたとしても、大体は現場の人たちがもっと話したいからで、何かしら結論とアクションが決まることが多い。長引いて紛糾するっていうのは正直最近ないですね。

森 これは何かまとめたいですね。現場に任せたら時間は掛からない!みたいな(笑)。

伊 そう言うと禅問答的に響くかもしれませんが、たとえ時間オーバーしても、現場が納得していれば、ちゃんと話は前に進むということですね。こんなこともありました。ある時、新幹線の時間が決まっているので、ここまでに決めないといけないんですって言ったら、急にまとまった(笑)。

「仕切ること」と「問うこと」

森 締めくくる前に、もう少し話しておきたいということはありますか?

伊 ファシリテーションという言葉を聞いた瞬間に、「伊藤さん、場を仕切ればいいんですね?」って返してくる人がいまでもたまにいます。

森 むしろ多いんじゃないですか。

伊 で、仕切るってことは、場をコントロールすることじゃないですか。先ほど話したように、僕の経験だとコントロールしようとすればするほど、コントロールできなくなる。ここで話してる3人はファシリテーションの経験が長いので「そうだよね」とわかってもらえるけど、たとえば、部長さんとかが自分の部下のやっているミーティングで、ポジションパワーで場を仕切ってコントロールしちゃうことが結構あって。その結果、成果が出ないというのは現実に目にしているので、そんなの現場に任せてしまえばいいじゃんと思うわけですよ。その部長さんとかに、仕切るってことを手放してもらうコツがあれば、聞いてみたいなと思うんですけど、どうですかね。

森 うーん、コントロールということの意味をもうちょっと知りたいですね。少し話が長くなって申し訳ないけど、日本のホワイトカラーの生産性が低い理由の1つとして、上司が部下の仕事をするというのがある。「こうしたらいいんじゃないの」って、上司が問題解決の当事者になっちゃう。経験豊富な上司が部下の仕事をするのは、ある意味簡単です。年功序列型できた伝統的な日本企業では、それを見せて部下に学ばせる、という暗黙の了解があるし、部下もそれを期待している。伊藤さんのコントロールというのは、会議でもそれをやってる、という話ですか？

伊 そう、そう。

森 コントロールといっても違うアプローチがあると思うんですね。困っている部下に、「どんな解決策を考えたの？」「他にどんな方法がある？」「それで全部？」「いや、まだあると思います」「どうしたら、答えの選択肢を網羅できると思う？」「もっと考えることですかね」「どうやって？」「えっ、いや、一生懸命考えて…」「さっきの話だとa、b、cという3つの要素があって、その組み合わせで問題が起こるみたいじゃない。それならマトリックス的に組み合わせを考えたら問題のパターンが出てくるよね？」「あぁ、そうかもしれません」といった、思考のプロセスを問うアプローチがある。この「思考プロセス提供型」も、先の「答え提供型」も、どっちもコントロールかなって思うんですが、どうですか？

伊 なるほどね。

森　で、たとえば解決策が20個出てきたとすると、「どれどれ、俺も一緒に考えるわ」となって、また当事者になっちゃう。いつまでたっても部下の仕事をしていて中間管理職は忙しいわけです。でも、そうじゃなくて、「判断する基準は何？」「やっぱりコストですかね？」「それだけ？」「いや、効果ももちろんあります」「効果とコスト、それ以外には？」。こうやって訊くと、部下が成長してしだいに手離れしていく。こういうことをファシリテーターが会議でやるって、悪いことなのだろうか？　とさっきの「コントロール vs 手放す」みたいな話を聞いていて思ったわけです。

伊　問いを投げかけるのは良いファシリテーションだと思います。

森　ちょっと長くなったけど、ファシリテーターが「こうすればいいんじゃないですか？」的に自分で問題を解きにいくような介入は絶対してはいけない。しかし、堂々巡りして議論が深まらない時や、原因究明しようとしているのに犯人捜しになっている時には、ファシリテーターは、そこから脱出できるように介入しなければいけない、そうしないと時間が掛かりすぎると思います。

伊・松　なるほど。

森　いま日本の**いろいろなところでファシリテーション教育がされるようになりましたが、形式的になっていて、思考プロセスを俯瞰し、言語化して最適なものを選ぶというトレーニングが抜けてる**ってすごく感じます。これはファシリテーションというより、理科や国語教育の課題かもしれないけど、ファシリテーション教育でもやるべきだと思うわけです。「ファシリテーターの道具」って、煮詰めると思考法なわけですから。

森　さて、そろそろ締めたほうがいいと思うので、読者のみなさんに向けた、クロージング・コメント的なものをお願いしてもいいですか。

松　難しいなあ。やっぱり失敗しながらでもいっぱい経験することが大事ですね。自分もまだまだですけど、やりながら、失敗しながら身につけてきたようなところがあるので。ファシリテーションを楽しみながら挑戦し続けることが大切だと思います。

伊　私も最後に読者のみなさんに言いたいことはまさにそこで、これだけ
いっぱいツールがあっておもしろそうだなと思ったら、とにかくやって
みようって話なんですよね。ご自身のファシリテーションをまず変えて
みる。やってみると初めて書いてあることの本質が見えてくるし、成功
でも失敗でも、その経験こそが自分のものになるんですよね。なので、
読んで、やって、何か得て、そこでようやくこの本がクロージングしま
すよ、みたいなことをちょっと伝えたいな。

森　変革がテーマですが、ワークスタイルやワークライフバランスみたい
なものは習慣的なものだから、わかっていてもなかなか変わらない。変
わるためには、何か大きなきっかけが必要で、今回の新型コロナは、そ
のきっかけになるかもしれない。ワクチンか何かができて大丈夫となる
と、「やっぱり生がいいよね」みたいな話で元に戻るかもしれないけど、
そこをうまくリードしていってほしいと思います。

　**ワークライフバランス、生産性、創造性をもっと高めるには、方法論
としてうまいインタラクションのつくり方がすごく重要**で、別にファシ
リテーションがすべてと言うつもりはないけど、すごく重要な部分を担
っていると思う。十数年前に少し盛り上がったけど、いまは「あぁ、司
会ね」みたいなレベルで終わってしまっているのがすごく残念です。

　読者に対してのメッセージとしては、先ほどお2人から言われたこと
と同じですが、仕事では怖くてやれないという人のために1つ付け加え
ると、同じような興味を持っている友人とやってみると、想像以上にお
もしろいですよ、ということですね。普通に居酒屋で話すと単なる世間
話か愚痴になるけど、ほんの10分でも道具を使って話をしてみると、
結構おもしろくて学べることがたくさんある。これ、「PD」(P.084) かも
しれませんが、実践で使うトレーニングになるし、いまの自分の仕事の
あり方みたいなものを見直す機会にもなる。自分の成長にも役に立ちま
すよ、みたいなことを最後にお伝えしたいと思います。

参考資料一覧

Liberating Structures（全章にわたって）

- Henri Lipmanowicz, Keith McCandless "*The Surprising Power of Liberating Structures: Simple Rules to Unleash A Culture of Innovation*" Liberating Structures Press, 2013
- https://www.facebook.com/LiberatingStructuresJapan/
- Attribution: Liberating Structure developed by Henri Lipmanowicz and Keith McCandless

序章

- バーバラ・フレドリクソン著、植木理恵監修、高橋由紀子訳『ポジティブな人だけがうまくいく3：1の法則』日本実業出版社、2010
- 森時彦著『ストーリーでわかるファシリテーター入門』ダイヤモンド社、2018
- 今泉浩晃著『創造性を高めるメモ学入門』日本実業出版社、1987
- 森時彦、ファシリテーターの道具研究会著『ファシリテーターの道具箱』ダイヤモンド社、2008
- ロナルド・A・ハイフェッツ、マーティ・リンスキー、アレクサンダー・グラショウ著、水上雅人訳『最難関のリーダーシップ：変革をやり遂げる意志とスキル』英治出版、2017

第1章

- デーブ・ウルリヒ、スティーブ・カー、ロン・アシュケナス著、高橋透、伊藤武志訳『GE式ワークアウト』日経BP社、2003

第2章

- Jonathan Rasmusson "*The Agile Samurai: How Agile Masters Deliver Great Software*" Pragmatic Bookshelf, 2010.（邦訳）西村直人、角谷信太郎監訳、近藤修平、角掛拓未訳『アジャイルサムライ：達人開発者への道』オーム社、2011

第3章

- 森時彦著『ファシリテーターの道具箱』ダイヤモンド社、2008
- 坂井豊貴著『多数決を疑う：社会的選択理論とは何か』岩波新書、2015
- Richard Pascale, Jerry Sternin, Monique Sternin "*The Power of Positive Deviance: How Unlikely Innovators Solve the World's Toughest Problems*" Harvard Business Review Press, 2010
- リチャード・セイラー、キャス・サンスティーン著、遠藤真美訳『実践　行動経済学：健康、富、幸福への聡明な選択』日経BP社、2009
- 「ポジティブデビアンス」のFacebookページ
  https://www.facebook.com/PositiveDevianceJapan/
- ジャスパー・ウ著、見崎大悟監修『実践 スタンフォード式デザイン思考：世界一クリエイティブな問題解決』インプレス、2019

第4章

- Google re:Work「OKRを設定する」
  https://rework.withgoogle.com/jp/guides/set-goals-with-okrs/
- クリスティーナ・ウォドキー著、二木夢子訳、及川卓也解説『OKR：シリコンバレー式で大胆な目標を達成する方法』日経BP社、2018
- Harrison Owen "*Open Space Technology: A User's Guide*" Berrett-Koehler Publishers, 1993
- デビッド・L・クーパーライダー、ダイアナ・ウィットニー著、本間正人監訳、市瀬博基訳『AI「最高の瞬間」を引きだす組織開発：未来志向の"問いかけ"が会社を救う』PHPエディターズグループ、2006
- 成功循環モデルhttps://thesystemsthinker.com/what-is-your-organizations-core-theory-of-success/
- ゲイリー・P・ピサノ教授の言葉 "*The Hard Truth About Innovation Cultures*" Harvard Business Review, January-February 2019

第5章

- 清宮普美代著『チーム脳にスイッチを入れる！ 質問会議』PHP研究所、2008
- ターシャ・ユーリック著、中竹竜二監訳、樋口武志訳『Insight：いまの自分を正しく知り、仕事と人生を劇的に変える自己認識の力』英治出版、2019

［編著者］

森 時彦（もり・ときひこ）

株式会社チェンジ・マネジメント・コンサルティング代表取締役

大阪生まれ。大阪大学、マサチューセッツ工科大学（MIT）卒。工学博士、MBA。神戸製鋼所を経てGEに入社し、日本GE役員などの要職を務める。その後、半導体検査装置大手のテラダイン日本法人代表取締役、投資アドバイザー会社のリバーサイド・パートナーズ代表パートナーなどを歴任。現在はチェンジ・マネジメント・コンサルティング代表取締役として組織活性化やリーダー育成を支援するかたわら、執筆や講演・ワークショップを通じてファシリテーションの普及活動を行っている。日本M&Aセンター社外取締役、CAC Holdings社外取締役、NPO法人日本ファシリテーション協会フェロー。

著書に『ザ・ファシリテーター』『ザ・ファシリテーター2』『ファシリテーターの道具箱』『ストーリーでわかるファシリテーター入門』（以上、ダイヤモンド社）、『プロフェッショナル・リーダーシップ』（東洋経済新報社）などがある。

E-mail: tokihiko.mori@change-mc.jp

［著者］

伊藤 保（いとう・たもつ）

OpExオフィス代表

東京生まれ。東京都立工業高等専門学校（現：東京都立産業技術高等専門学校）卒。GEに技術者として入社後、リーダーシップ・プログラムに選抜され、シックス・シグマのブラックベルトとして活躍。その後、日本オラクル、ジェネックスパートナーズのコンサルタントを経て、現場の立場からの問題解決を得意とするコンサルティング事業OpExオフィスを起業。

ファシリテーションのツール「リベレイティングストラクチャー」の日本でのユーザーグループや、社会課題解決や組織開発を可能にする方法論「ポジティブデビアンス（PD）」アプローチの日本での普及を目指すPD Japanの事務局でも活動している。

E-mail: tamotsu.ito@opex-office.com

松田光憲（まつだ・みつのり）

株式会社オズビジョン執行役員・事業推進部長

千葉生まれ。明治大学理工学部卒。MBA in Innovation Management。システムエンジニアとしてキャリアをスタートしたが、上場準備を契機に管理畑へシフト。株式会社博展、株式会社はてなで2度のIPOを経験。その後、『ティール組織』に日本企業で唯一紹介されたオズビジョンに参画。社員ではなく業務委託契約という形でバックオフィス全般を管掌しつつ、ワクワクした組織づくりを担当。個人と会社との新しい関係、新しい働き方を模索している。ありのまーま合同会社代表社員、株式会社OND社外取締役、中小企業診断士。

E-mail: m-matsuda@oz-vision.co.jp

図解
組織を変えるファシリテーターの道具箱
──働きがいと成果を両立させるパワーツール50

2020年10月13日　　第1刷発行

編著者──森 時彦
著　者──伊藤 保、松田光憲
発行所──ダイヤモンド社
　　　　　〒150-8409　東京都渋谷区神宮前6-12-17
　　　　　https://www.diamond.co.jp/
　　　　　電話／03-5778-7229（編集）　03-5778-7240（販売）

図版製作──デザインコンビビア
装丁・本文デザイン──布施育哉
校正───鷗来堂
製作進行──ダイヤモンド・グラフィック社
印刷───新藤慶昌堂
製本───本間製本
編集担当──小川敦行